KB205927

성경, 빅 픽처를 보라! 스터디 교재

아이오프닝 성경연구

이스라엘 민족을 통한 하나님의 구원 역사

김인식 · 송하경 · 윤현진

    우리가 사랑하는 예수 그리스도는 어제나 오늘이나 영원히 동일하신 분으로 세상 모든 것을 지으신 창조주이시며 타락한 인생들의 구속주이십니다. 또한 장차 다시 오셔서 모든 것을 회복시키실 재림주 되십니다(히 13:8).

    예수님은 우리의 죄와 저주, 약함과 죽음을 대신해 예루살렘에서 나무 십자가에 달려 죽으시고 부활하심으로써 우리에게 죄사함과 축복, 강건함과 영생을 선물로 주셨습니다.

    이 위대한 하나님의 사랑과 축복을 깨닫고 누리는 성도들은 하나님을 더욱 사랑하고 더욱 깊이 알기를, 또한 쓰임 받기를 사모하게 됩니다.

    『아이오프닝 성경연구』는 하나님을 더욱 깊이 알기 원하는 성도들을 위한 성경 교재입니다. 성경을 관통하는 3가지 키워드, 즉 한 사람예수 그리스도, 한 민족이스라엘, 한 장소예루살렘와 이들이 엮어 내는 7가지 핵심 주제하나님의 비전, 하나님의 전략, 하나님의 도시, 하나님의 눈동자, 하나님의 백성, 하나님의 때, 하나님의 나라를 균형 있게 다루고 있습니다.

    모쪼록 이 교재로 공부하는 모든 분들께 하나님의 은혜가 풍성하게 임하시기를 축복합니다.

저자 김인식 · 송하경 · 윤현진

Contents

제 *1* 과

하나님의 비전

1. 핵심 말씀

사 46:10

내가 시초부터 종말을 알리며 아직 이루지 아니한 일을 옛적부터 보이고 이르기를 나의 뜻이 설 것이니 내가 나의 모든 기뻐하는 것을 이루리라 하였노라

창 1:27-28

27 하나님이 자기 형상 곧 하나님의 형상대로 사람을 창조하시되 남자와 여자를 창조하시고 28 하나님이 그들에게 복을 주시며 하나님이 그들에게 이르시되 생육하고 번성하여 땅에 충만하라 땅을 정복하라 바다의 물고기와 하늘의 새와 땅에 움직이는 모든 생물을 다스리라 하시니라

계 21:3, 5

3 내가 들으니 보좌에서 큰 음성이 나서 이르되 보라 하나님의 장막이 사람들과 함께 있으매 하나님이 그들과 함께 계시리니 그들은 하나님의 백성이 되고 하나님은 친히 그들과 함께 계셔서 5 보좌에 앉으신 이가 이르시되 보라 내가 만물을 새롭게 하노라 하시고 또 이르시되 이 말은 신실하고 참되니 기록하라 하시고

2. 핵심 주제

하나님의 처음 비전은 곧 하나님의 최종 비전입니다. 하나님의 비전은 하나님의 백성들이 하나님이 다스리는 장소에 살면서 하나님의 현존을 누리는 것입니다. 성경의 결말은 하나님의 마스터 플랜인 거룩한 성 새 예루살렘에 집중합니다. 결말을 아는 자는 미래의 영광스럽고 찬란한 비전을 품고 두려움 없이 세상을 이길 수 있습니다.

3. 학습 목표

Q1 성경 전체를 관통하는 스토리라인story line의 시작과 끝은 무엇입니까?

Q2 창조, 하나님의 형상, 에덴의 관계는 무엇입니까?

Q3 타락, 선악과, 여자의 후손, 구원의 관계는 무엇입니까?

Q4 회복, 천년왕국, 새 예루살렘, 새 하늘, 새 땅의 관계는 무엇입니까?

Q1 성경 전체를 관통하는 스토리라인의 시작과 끝은 무엇입니까?

	에덴(창 1-3장)	새 예루살렘(계 20-22장)
1	처음 하늘과 땅(창 1:1-2)	새 하늘과 새 땅(계 1:1-2)
2	생명나무와 네 강들(창 2:9-14)	생명나무와 생명수 강(계 22:1-2)
3	아담과 하와(창 2:15-25)	어린 양과 신부(계 21:9)
4	사탄의 승리(창 3:1-7)	사탄의 파멸(계 20:10)
5	하나님과 동산에 함께 계심(창 3:8)	하나님이 성도들과 함께하심(계 22:3)
6	지구를 다스림(창 1:28)	온 우주를 다스림(계 22:5)
7	하나님의 얼굴을 봄(창 3:8)	하나님의 얼굴을 봄(계 22:4)
8	하나님이 두려워 피함(창 3:8-10)	하나님과 친밀함(계 21:3, 22:3)
9	저주가 선언됨(창 3:14-19)	저주가 제거됨(계 22:3)
10	최초로 복음의 약속이 주어짐(창 3:15)	복음의 약속의 최종 성취(계 21:1-22:5)
11	죽음이 시작됨(창 3:22)	죽음이 제거됨(계 21:4)

Q2 창조, 하나님의 형상, 에덴의 관계는 무엇인가요?

▌ **창 1:26** 하나님이 이르시되 우리의 형상을 따라 우리의 모양대로 우리가 사람을 만들고 그들로 바다의 물고기와 하늘의 새와 가축과 온 땅과 땅에 기는 모든 것을 다스리게 하자 하시고

하나님의 형상쩨렘 צֶלֶם / Image이란 '구체적인 닮은 꼴'이라는 뜻으로 인격적인 존재를 의미합니다. 즉 지성, 감정, 의지, 양심, 도덕, 자유, 교제, 의로움, 거룩 등의 하나님의 속성을 가리키는 것입니다. 인격성은 하나님과의 관계 속에서만 존재할 수 있으며 하나님의 형상은 인간 존재의 필수적 요소입니다. 인간은 이 세상에서 하나님의 대리자로서 역할을 감당하도록 하나님의 형상을 닮아 창조되었습니다.

하나님의 모양데무트 דְּמוּת / Likeness이란 추상적인 성격의 유사성을 가진 영적 존재로서 영이신 하나님과 교제할 수 있다는 의미입니다. 최초의 인간은 도덕적인 면에서 선하고 죄가 없었기 때문에 하나님을 가장 닮은 상태였습니다.

▌ **골 1:15** 그는 보이지 아니하는 하나님의 형상이시요 모든 피조물보다 먼저 나신 이시니

예수님은 보이지 않는 하나님이 눈에 보이는 형태로 나타나신 분입니다. 따라서 예수님을 본다면 하나님을 본 것과 같습니다(요 14:8-9). 예수님은 "나와 아버지는 하나이니라"(요 10:30)라고 말씀하셨습니다. 즉 예수님은 하나님의 완전한 형상에이콘 εἰκών

입니다. 거울이 실체를 그대로 반사하는 것처럼 인간은 하나님을 투영하는 존재이며 하나님을 대리하는 존재인 것입니다.

▌**창 3:8** 그들이 그 날 바람이 불 때 동산에 거니시는 여호와 하나님의 소리를 듣고 아담과 그의 아내가 여호와 하나님의 낯을 피하여 동산 나무 사이에 숨은지라

"거니시는"(창 3:8)의 히브리어는 할라크הָלַךְ로 레위기의 "행하여"(레 26:12), 사무엘하의 "다녔나니"(삼하 7:6)에 사용되었습니다. 에덴 동산은 하나님이 거니시는 하나님의 성소였습니다. 즉 지구상에 존재한 첫 번째 성소인 것입니다.

에덴 동산에는 강과 나무들이 있고, 보석과 금속이 있으며, 그룹과 하나님의 임재가 있었습니다. 에덴 동산의 일반적인 본질은 곧 성소의 본질이며, 인간은 그 성소에서 맡은 책임이 있었던 것입니다.

창조 세계 전체를 하나님의 우주적인 성전으로 본다면, 에덴 동산은 하나님의 보좌가 있는 최초의 지성소에 해당됩니다. 성막과 성전도 하나님의 우주적 성전인 창조세계의 작은 복사판으로 이해할 수 있습니다.

▌**창 2:15** 여호와 하나님이 그 사람을 이끌어 에덴 동산에 두어 그것을 경작하며 지키게 하시고

"경작하며 지키라"의 히브리어는 아바드עָבַד 섬기다, 일하다, 다스리다와 솨마르שָׁמַר 지키다, 준수하다, 보호하다, 망을 보다입니다. 이 표현은 레위인들이 성소에서 행해야 할 의무를 묘사하는 구절에서만 나란히 발견됩니다(민 3:7-8, 8:26, 18:5). 즉 에덴 동산에서 아담이 하나님을 섬기고 만나는 제사장적 지위를 가졌을 것이라고 추정할 수 있습니다.

'경작하다'에는 사람이 다스리는 자요, 섬기는 자인 동시에 일하는 자라는 뜻이 모두 포함되어 있습니다.

'지키다'에는 하나님께서 아담에게 동산 중앙의 선악과를 금하셨을 뿐 아니라, 에덴 자체를 사탄으로부터 지켜야 하는 사명도 맡기셨다는 의미가 포함됩니다. 즉 아담은

왕 같은 제사장으로 지음 받은 것입니다.

　땅은 처음부터 하나님의 처소가 되도록 만들어졌습니다. 왜냐하면 하나님은 창조 시부터 이곳에서 백성과 함께 살려는 비전을 갖고 계셨기 때문입니다.

Q3 타락, 선악과, 여자의 후손, 구원의 관계는 무엇인가요?

▌ **창 2:17** 선악을 알게 하는 나무의 열매는 먹지 말라 네가 먹는 날에는 반드시 죽으리라 하시니라

　하나님은 인간에게 자유의지_{선택권}를 주셨습니다. 자유의지는 여호와 하나님께서 인간에게 주신 최고의 사랑입니다. 인간이 자유의지를 가장 선하게 사용할 수 있는 방법은 하나님을 사랑하는 것입니다. 예수님은 "나를 사랑하면 내 계명을 지키리니"(요 14:15)라고 말씀하심으로써 사랑의 정의는 하나님의 법_{말씀}을 지키는 것임을 알려 주셨습니다.

　선악과는 사탄의 유혹으로부터 아담을 지키기 위해 하나님이 주신 최초의 법이었지만 아담은 하나님의 법_{말씀}이 아닌 사탄의 거짓말을 선택함으로써 하나님의 사랑을 배신하였고 이로 인해 타락이 시작되었습니다.

▌ **창 3:15** 내가 너로 여자와 원수가 되게 하고 네 후손도 여자의 후손과 원수가 되게 하리니 여자의 후손은 네 머리를 상하게 할 것이요 너는 그의 발꿈치를 상하게 할 것이니라 하시고
▌ **갈 4:4** 때가 차매 하나님이 그 아들을 보내사 여자에게서 나게 하시고 율법 아래에 나게 하신 것은

　하나님은 범죄함으로 저주가 임한 인간과 피조세계를 구속하시려고 여자의 후손이신 그리스도를 약속하셨습니다. 인간이 타락하고 약 4천 년이 지나 때가 차매 그리스

도는 약속대로 오셨고, 십자가에 달려 피 흘려 죽으셨고, 사흘만에 다시 살아나셔서 모든 이름 위에 뛰어난 이름이 되셨습니다. 인간은 하나님의 사랑을 배신했지만 하나님은 완전한 사랑으로 인간을 구원하셨습니다.

Q4 회복, 천년왕국, 새 예루살렘, 새 하늘, 새 땅의 관계는 무엇인가요?

▮ **계 21:1-2** 1 또 내가 새 하늘과 새 땅을 보니 처음 하늘과 처음 땅이 없어졌고 바다도 다시 있지 않더라 2 또 내가 보매 거룩한 성 새 예루살렘이 하나님께로부터 하늘에서 내려오니 그 준비한 것이 신부가 남편을 위하여 단장한 것 같더라

하나님의 백성들이 거주하게 될 곳은 실체 없는 영적 세계가 아니라 구체적이고 현실적인 장소입니다. 옛 세계가 갱신된 새 하늘 새 땅은 영적인 세계이며 동시에 물리적인 세계입니다. 자연적이며 초자연적인 세계입니다. 그러므로 물리적인 낙원의 모습을 놓쳐서는 안 됩니다.

하나님의 비전은 새 하늘 새 땅 새 예루살렘에서 "경건한 자손"제라 엘로힘 זֶרַע אֱלֹהִים/ '하나님의 씨', 말 2:15과 더불어 영원히 함께 하시며 다스리는 것입니다. 따라서 하나님의 자녀들은 하나님께서 지으신 땅의 귀중성을 알아야 합니다. 메시아 예수님께서 이 땅에 오셔서 고귀한 피를 흘리셨다는 사실만으로도 땅이 얼마나 중요한 곳인가를 알 수 있습니다.

또한 땅은 예수님의 피로 구속함을 받은 하나님의 자녀들이 살고 있는 곳이기 때문에 소중한 곳이며 사명지요 사역지이기에 중요합니다. 장차 새 하늘과 새 땅 그리고 새 예루살렘은 완성된 하나님 나라의 우주적 통치 본부가 될 곳이기 때문에 더욱 소중합니다.

▮ **벧후 3:10-13** 10 그러나 주의 날이 도둑 같이 오리니 그 날에는 하늘이 큰 소리로 떠나가고 물질이 뜨거운 불에 풀어지고 땅과 그 중에 있는 모든 일이 드러나리로다 11 이 모든

것이 이렇게 풀어지리니 너희가 어떠한 사람이 되어야 마땅하냐 거룩한 행실과 경건함으로 12 하나님의 날이 임하기를 바라보고 간절히 사모하라 그 날에 하늘이 불에 타서 풀어지고 물질이 뜨거운 불에 녹아지려니와 13 우리는 그의 약속대로 의가 있는 곳인 새 하늘과 새 땅을 바라보도다

▎**계 21:1** 또 내가 새 하늘과 새 땅을 보니 처음 하늘과 처음 땅이 없어졌고 바다도 다시 있지 않더라

▎**사 65:17** 보라 내가 새 하늘과 새 땅을 창조하나니 이전 것은 기억되거나 마음에 생각나지 아니할 것이라

새 하늘 새 땅의 '새로운'의 헬라어는 네오스νέος가 아니라 카이노스καινός입니다. 네오스νέος는 시간이나 기원이 새로운 뜻인 반면 카이노스καινός / 히브리어는 하다쉬 חָדָשׁ 는 속성이나 성질이 새롭다는 뜻입니다. 즉 시공간적인 새로움이 아니라 질적인 차원의 새로움을 가리키는 것입니다(사 65:17). 새 하늘 새 땅은 타 없어지는 것이 아니라 연속성을 가지고 철저히 갱신된 세계이며, 죄와 고통과 거역이 있는 옛 세상은 완전히 소멸되고 하나님이 자기 백성과 함께 거하시는 의의 새로운 세상이 펼쳐지는 것입니다.

계 21:1의 "없어졌고"는 파레르코마이παρέρχομαι로 폐기나 소멸을 의미하지 않고 한 장소나 종류가 다른 것으로 바뀌는 것을 의미합니다.

▎**계 20:6** 이 첫째 부활에 참여하는 자들은 복이 있고 거룩하도다 둘째 사망이 그들을 다스리는 권세가 없고 도리어 그들이 하나님과 그리스도의 제사장이 되어 천 년 동안 그리스도와 더불어 왕 노릇 하리라

▎**계 5:9-10** 9 그들이 새 노래를 불러 이르되 두루마리를 가지시고 그 인봉을 떼기에 합당하시도다 일찍이 죽임을 당하사 각 족속과 방언과 백성과 나라 가운데에서 사람들을 피로 사서 하나님께 드리시고 10 그들로 우리 하나님 앞에서 나라와 제사장들을 삼으셨으니 그들이 땅에서 왕 노릇 하리로다 하더라

▎**마 19:28** 예수께서 이르시되 내가 진실로 너희에게 이르노니 세상이 새롭게 되어 인자가 자기 영광의 보좌에 앉을 때에 나를 따르는 너희도 열두 보좌에 앉아 이스라엘 열두 지

파를 심판하리라

▌ **사 65:25** 이리와 어린 양이 함께 먹을 것이며 사자가 소처럼 짚을 먹을 것이며 뱀은 흙을 양식으로 삼을 것이니 나의 성산에서는 해함도 없겠고 상함도 없으리라 여호와께서 말씀하시니라

▌ **계 20:2-3** 2 용을 잡으니 곧 옛 뱀이요 마귀요 사탄이라 잡아서 천 년 동안 결박하여 3 무저갱에 던져 넣어 잠그고 그 위에 인봉하여 천 년이 차도록 다시는 만국을 미혹하지 못하게 하였는데 그 후에는 반드시 잠깐 놓이리라

▌ **계 20:10** 그들을 미혹하는 마귀가 불과 유황 못에 던져지니 거기는 그 짐승과 거짓 선지자도 있어 세세토록 밤낮 괴로움을 받으리라

포괄적 최종 비전인 새 하늘과 새 땅, 새 예루살렘이 임하기 전에 이 땅은 천년 동안 예수 그리스도께서 직접 통치하시는 천년왕국이 됩니다. 예수 그리스도는 만세 전부터 온 세계를 섭리적으로 통치하고 계시지만 실질적으로 직접 통치하는 것은 천년왕국에서인 것입니다. 천년왕국은 예수 그리스도와 성도들이 함께 다스리는 왕국(사 65:19-25)입니다. 하나님을 아는 지식이 충만한 왕국이며, 평화와 의의 왕국입니다. 저주가 제거된 번영의 왕국이며 질병이 없는 영광의 왕국입니다.

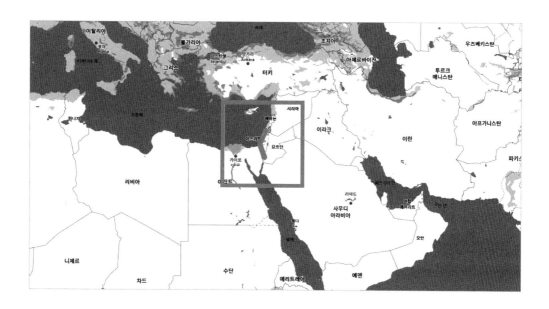

위 그림은 오늘날의 지도입니다. 땅은 완전히 갱신되어 지금 지도와는 전혀 다른 새 땅이 될 것입니다. 그러나 갱신된 새 땅의 중앙은 여전히 예루살렘일 것입니다. 이 그림은 새 예루살렘의 크기를 가늠해 본 것입니다

4. 결론

성경의 스토리라인은 하나님과 그의 백성이 에덴 동산에서 함께 거니시는 것으로 시작하여 새 하늘 새 땅 새 예루살렘에서 하나님과 그의 백성이 함께 대면하는 것으로 끝이 납니다. 아담이 하나님과 대면하며 친밀함으로 동행한 것처럼(창 1-2장) 하나님은 다시 한번 동산에서 그의 백성과 함께 대면하며 동행하십니다(계 21-22장).

계시록 22장은 인류가 상실했던 에덴 동산의 모습을 다시 그려줍니다. 그 곳에서는 다시 하나님의 보좌로부터 흘러나오는 생명수 강이 흐르고, 그 강물로 생명나무가 무성하게 자라 달마다 열두 가지 열매를 맺으며, 하나님 나라 안에 있는 모든 이들은 그것으로 영생을 누리게 됩니다(계 22:1-2).

창세기 2장에서 아담은 지구 안에 있는 모든 것들과 에덴 동산의 모든 것들만 다스리는 권한이 있었지만 계시록 22장의 부활체를 입은 성도들은 온 우주를 다스리게 됩니다.

새 하늘 새 땅은 단순히 에덴 동산에서 잃은 것에 대한 회복만을 뜻하는 것이 아니라, 에덴 동산에서 있었던 타락의 가능성이 아예 없어진 더 나은 완벽한 세계를 의미합니다. 왜냐하면 죄와 유혹과 저주를 가져다주는 사탄이 더 이상 존재하지 않기 때문입니다. 새 하늘 새땅에서는 저주도 죄악도 유혹도 없이 구속함을 받은 모든 자녀들이 말로 다할 수 없는 풍성한 삶을 하나님과 함께 영원히 누리게 되는 것입니다.

▌ 엡 1:10 하늘에 있는 것이나 땅에 있는 것이 다 그리스도 안에서 통일되게 하려 하심이라

1. 오늘 배운 내용 중에 가장 마음에 닿은 부분은 무엇입니까?

2. 하나님의 비전을 자신이 이해한 대로 옆 사람과 나누어 보세요.

3. 창조, 타락, 구원, 회복을 자신이 이해한 대로 표현해 보세요. 4문장 이내

제 2 과

하나님의 전략

1. 핵심 말씀

시 89:34

내 언약을 깨뜨리지 아니하고 내 입술에서 낸 것은 변하지 아니하리로다

행 3:25

너희는 선지자들의 자손이요 또 하나님이 너희 조상과 더불어 세우신 언약의 자손이라 아브라함에게 이르시기를 땅 위의 모든 족속이 너의 씨로 말미암아 복을 받으리라 하셨으니

엡 2:12

그 때에 너희는 그리스도 밖에 있었고 이스라엘 나라 밖의 사람이라 약속의 언약들에 대하여는 외인이요 세상에서 소망이 없고 하나님도 없는 자이더니

롬 15:8-10

8 내가 말하노니 그리스도께서 하나님의 진실하심을 위하여 할례의 추종자가 되셨으니 이는 조상들에게 주신 약속들을 견고하게 하시고 9 이방인들도 그 긍휼하심으로 말미암아 하나님께 영광을 돌리게 하려 하심이라 기록된 바 그러므로 내가 열방 중에서 주께 감사하고 주의 이름을 찬송하리로다 함과 같으니라 10 또 이르되 열방들아 주의 백성과 함께 즐거워하라 하였으며

2. 핵심 주제

하나님의 마스터 플랜을 성취시키기 위해 하나님은 언약을 전략으로 사용하십니다. 하나님의 언약은 신앙의 기본 요소들이 긴밀하게 연관되어 있는 성경해석의 중요

한 틀입니다. 하나님의 언약은 우리들을 향하신 하나님의 목적과 계획을 나타내 줍니다. 성경은 하나님께서 주신 언약의 성취 기록이며, 인간의 역사는 하나님의 언약들과 약속들의 성취를 드러냅니다. 따라서 남은 언약도 반드시 성취될 것입니다. 하나님께서 주신 언약들을 바로 깨닫고 하나님의 목적과 계획을 정확하게 알게 되면, 깨어 있는 성도로서 소망 넘치는 신앙 생활을 끝까지 누릴 수 있게 됩니다.

3. 학습 목표

Q1 하나님의 언약은 무엇입니까?
Q2 하나님은 누구와 언약을 맺으셨습니까?
Q3 하나님의 언약에는 어떤 것이 있습니까?

Q1 하나님의 언약은 무엇입니까?

▌ **창 15:17-18** 17 해가 져서 어두울 때에 연기 나는 화로가 보이며 타는 횃불이 쪼갠 고기 사이로 지나더라 18 그 날에 여호와께서 아브람과 더불어 언약을 세워 이르시되 내가 이 땅을 애굽 강에서부터 그 큰 강 유브라데까지 네 자손에게 주노니

언약베리트 ברית / 디아데케 διαθήκη은 결속을 확정하는, 반드시 지켜야 하는 엄숙한 약속입니다. 고기를 쪼갠 것에서 알 수 있듯이 이 언약을 어기게 되면 생명을 내어 놓겠다는 서약인 것입니다.

하나님은 자기 백성과 언약을 맺으시고 새로운 약속들을 통해서 그의 은혜를 자기 백성들에게 제공하십니다. 약속들의 유일한 근거는 언약이며 하나님의 신실하신 성품으로 언약을 반드시 성취하십니다.

Q2 하나님은 누구와 언약을 맺으셨습니까?

▍ **행 3:25** 너희는 선지자들의 자손이요 또 하나님이 너희 조상과 더불어 세우신 언약의 자손이라 아브라함에게 이르시기를 땅 위의 모든 족속이 너의 씨로 말미암아 복을 받으리라 하셨으니

▍ **시 105:8-10** 8 그는 그의 언약 곧 천 대에 걸쳐 명령하신 말씀을 영원히 기억하셨으니 9 이것은 아브라함과 맺은 언약이고 이삭에게 하신 맹세이며 10 야곱에게 세우신 율례 곧 이스라엘에게 하신 영원한 언약이라

▍ **엡 2:12-13** 12 그때에 너희는 그리스도 밖에 있었고 이스라엘 나라 밖의 사람이라 약속의 언약들에 대하여는 외인이요 세상에서 소망이 없고 하나님도 없는 자이더니 13 이제는 전에 멀리 있던 너희가 그리스도 예수 안에서 그리스도의 피로 가까워졌느니라

▍ **눅 22:20** 저녁 먹은 후에 잔도 그와 같이 하여 이르시되 이 잔은 내 피로 세우는 새 언약이니 곧 너희를 위하여 붓는 것이라

▍ **갈 3:28-29** 28 너희는 유대인이나 헬라인이나 종이나 자유인이나 남자나 여자나 다 그리스도 예수 안에서 하나이니라 29 너희가 그리스도의 것이면 곧 아브라함의 자손이요 약속대로 유업을 이을 자니라

하나님은 아브라함과 언약을 맺으셨습니다. 이스라엘은 언약을 맺은 아브라함의 계보를 이어가는 언약의 자손입니다. 하나님은 이방인들과는 언약을 맺은 적이 없습니다. 그러나 그리스도 예수를 믿는 자는 그 안에서 아브라함의 자손이 되고 유업을 이을 자가 됨으로써 언약에 참여하는 것입니다. 그리하여 모든 족속들이 아브라함의 씨로 말미암아 복을 받는 것입니다.

Q3 하나님의 언약에는 어떤 것이 있습니까?

1) 여자 후손 언약

▌ **창 3:15** 내가 너로 여자와 원수가 되게 하고 네 후손도 여자의 후손과 원수가 되게 하리니 여자의 후손은 네 머리를 상하게 할 것이요 너는 그의 발꿈치를 상하게 할 것이니라 하시고

▌ **갈 4:4–5** ⁴ 때가 차매 하나님이 그 아들을 보내사 여자에게서 나게 하시고 ⁵ 율법 아래에 있는 자들을 속량하시고 우리로 아들의 명분을 얻게 하려 하심이라

하나님은 타락하여 멸망에 처한 사람을 구속하시려고 여자의 후손 언약을 주셨습니다. 여자의 후손으로 메시아를 보내 구속의 역사를 베푸시려는 은혜입니다. 이는 예수 그리스도에 대한 최초의 직접적인 예언이며 하나님의 위대한 구원 계획의 시작입니다. 이 약속을 하신 지 약 4천 년 후에 예수님이 오셔서 십자가로 승리하심으로써 (골 2:15) 이 언약을 성취하셨습니다.

2) 노아 언약

▌ **창 9:11** 내가 너희와 언약을 세우리니 다시는 모든 생물을 홍수로 멸하지 아니할 것이라 땅을 멸할 홍수가 다시 있지 아니하리라

▌ **창 9:16** 무지개가 구름 사이에 있으리니 내가 보고 나 하나님과 모든 육체를 가진 땅의 모든 생물 사이의 영원한 언약을 기억하리라

▌ **롬 8:22** 피조물이 다 이제까지 함께 탄식하며 함께 고통을 겪고 있는 것을 우리가 아느니라

하나님은 죄악이 가득한 세상을 물로 심판하시고 대홍수 속에 살아남은 노아 가족에게 보존 언약무지개 언약을 주셨습니다. 노아의 자손인 셈의 후손을 통해 예수 그리스

도가 오실 것을 말씀하신 것입니다(창 9:26).

3) 아브라함 언약

▌ **창 12:1-3** 1 여호와께서 아브람에게 이르시되 너는 너의 고향과 친척과 아버지의 집을 떠나 내가 네게 보여 줄 땅으로 가라 2 내가 너로 큰 민족을 이루고 네게 복을 주어 네 이름을 창대하게 하리니 너는 복이 될지라 3 너를 축복하는 자에게는 내가 복을 내리고 너를 저주하는 자에는 내가 저주하리니 땅의 모든 족속이 너로 말미암아 복을 얻을 것이라 하신지라

▌ **갈 3:14** 이는 그리스도 예수 안에서 아브라함의 복이 이방인에게 미치게 하고 또 우리로 하여금 믿음으로 말미암아 성령의 약속을 받게 하려 함이라

아브라함 언약의 세 가지 기본 요소는 후손과 땅과 복입니다. 언약의 최종 목적은 땅의 모든 족속이 복을 받게 하는 것입니다. 하나님의 계획은 아브라함을 통해 이스라엘 민족을 형성하여 가나안 땅으로 인도하시고 그 땅에 나라를 세우시며 이스라엘 민족이 모든 족속을 하나님께로 인도하는 제사장 나라의 사명을 감당케 하는 것이었습니다.

아브라함 언약은 하나님께서 일방적으로 세우신 무조건적인 영원한 언약으로 하나님의 전능하심과 신실하심으로 인해 반드시 이루어질 언약입니다. 우리는 예수 그리스도로 말미암아 아브라함의 복에 참여하게 되었습니다.

4) 이스라엘가나안 땅 언약

▌ **창 15:13-18** 13 여호와께서 아브람에게 이르시되 너는 반드시 알라 네 자손이 이방에서 객이 되어 그들을 섬기겠고 그들은 사백 년 동안 네 자손을 괴롭히리니 14 그들이 섬기는 나라를 내가 징벌할지며 그 후에 네 자손이 큰 재물을 이끌고 나오리라 15 너는 장수하다가 평안히 조상에게로 돌아가 장사될 것이요 16 네 자손은 사대 만에 이 땅으로 돌

아오리니 이는 아모리 족속의 죄악이 아직 가득 차지 아니함이니라 하시더니 ¹⁷ 해가 져서 어두울 때에 연기나는 화로가 보이며 타는 횃불이 쪼갠 고기 사이로 지나더라 ¹⁸ 그 날에 여호와께서 아브람과 더불어 언약을 세워 이르시되 내가 이 땅을 애굽 강에서부터 그 큰 강 유브라데까지 네 자손에게 주노니

▌**대상 16:16-18** ¹⁶ 이것은 아브라함에게 하신 언약이며 이삭에게 하신 맹세이며 ¹⁷ 이는 야곱에게 세우신 율례 곧 이스라엘에게 하신 영원한 언약이라 ¹⁸ 이르시기를 내가 가나안 땅을 네게 주어 너희 기업의 지경이 되게 하리라 하셨도다

약속의 땅은 남쪽으로 애굽 강에서부터 시나이 반도를 지나는 전 영역과 동쪽으로 유브라데 강까지 이르는 레바논과 시리아의 넓은 지역이 포함된 땅을 말합니다. 오늘날의 가자 지구와 서안 지구_{웨스트뱅크}와 골란 고원도 그 안에 포함됩니다. 이스라엘_{가나안} 땅 언약은 하나님께서 이스라엘에게 하신 무조건적인 영원한 언약입니다. 따라서 이스라엘 백성들을 고토로 귀환하게 하여 약속의 땅에 안전하게 살도록 반드시 성취시키실 것입니다.

또한 이 언약은 영원한 언약이기 때문에 그들을 그 땅에 심고 다시는 뽑히지 않도록 지키실 것입니다(암 9:15). 오늘날 우리 시대에 이 언약이 성취되고 있는 것을 목도하고 있습니다. 그러나 여전히 많은 기독교인들이 성경을 정확 무오한 말씀으로 믿는다고 하면서도 여자 후손의 언약_{예수 그리스도를 믿음으로 죄에서 구원받는 것}에는 전적으로 동의하지만 이스라엘_{가나안} 땅의 언약_{이스라엘 민족에게 땅을 주신 것}에는 동의하지 않고 있는 것이 현실입니다.

5) 모세 언약

▌**출 19:5-6** ⁵ 세계가 다 내게 속하였나니 너희가 내 말을 잘 듣고 내 언약을 지키면 너희는 모든 민족 중에서 내 소유가 되겠고 ⁶ 너희가 내게 대하여 제사장 나라가 되며 거룩한 백성이 되리라 너는 이 말을 이스라엘 자손에게 전할지니라

▌**출 24:3, 7** ³ 모세가 와서 여호와의 모든 말씀과 그의 모든 율례를 백성에게 전하매 그들

이 한 소리로 응답하여 이르되 여호와께서 말씀하신 모든 것을 우리가 준행하리이다 7 언약서를 가져다가 백성에게 낭독하여 듣게 하니 그들이 이르되 여호와의 모든 말씀을 우리가 준행하리이다

▮ **렘 11:10** 그들이 내 말 듣기를 거절한 자기들의 선조의 죄악으로 돌아가서 다른 신들을 따라 섬겼은즉 이스라엘 집과 유다 집이 내가 그들의 조상들과 맺은 언약을 깨뜨렸도다

▮ **신 29:25, 28** 25 그때에 사람들이 대답하기를 그 무리가 자기 조상의 하나님 여호와께서 그들의 조상을 애굽에서 인도하여 내실 때에 더불어 세우신 언약을 버리고 28 여호와께서 또 진노와 격분과 크게 통한하심으로 그들을 이 땅에서 뽑아내사 다른 나라에 내던지심이 오늘과 같다 하리라

▮ **갈 3:15-17** 15 형제들아 내가 사람의 예대로 말하노니 사람의 언약이라도 정한 후에는 아무도 폐하거나 더하거나 하지 못하느니라 16 이 약속들은 아브라함과 그 자손에게 말씀하신 것인데 여럿을 가리켜 그 자손들이라 하지 아니하시고 오직 한 사람을 가리켜 네 자손이라 하셨으니 곧 그리스도라 17 내가 이것을 말하노니 하나님께서 미리 정하신 언약을 사백삼십 년 후에 생긴 율법이 폐기하지 못하고 그 약속을 헛되게 하지 못하리라

하나님과 이스라엘 백성은 시내산에서 조건적 언약을 체결했습니다. 이스라엘 백성의 의무는 율법을 준행하는 것이었고, 이에 대한 하나님의 약속은 이스라엘 백성을 소유로 삼고, 제사장 나라가 되고 거룩한 백성을 삼으시겠다는 것이었습니다.

모세 언약은 "내 말을 잘 듣고 내 언약을 지키면"이라는 조건이 달린 조건적 언약입니다. 따라서 이스라엘 백성이 율법을 어김으로 이 언약을 깨뜨렸을 때 그들은 말씀하신 대로 세계에 흩어지게 된 것입니다.

6) 다윗 언약

▮ **삼하 7:16** 네 집과 네 나라가 내 앞에서 영원히 보전되고 네 왕위가 영원히 견고하리라 하셨다 하라

▮ **겔 37:25** 내가 내 종 야곱에게 준 땅 곧 그의 조상들이 거주하던 땅에 그들이 거주하되

그들과 그들의 자자 손손이 영원히 거기에 거주할 것이요 내 종 다윗이 영원히 그들의 왕이 되리라

▌**눅 1:32-33** 32 그가 큰 자가 되고 지극히 높으신 이의 아들이라 일컬어질 것이요 주 하나님께서 그 조상 다윗의 왕위를 그에게 주시리니 33 영원히 야곱의 집을 왕으로 다스리실 것이며 그 나라가 무궁하리라

▌**요 19:19** 빌라도가 패를 써서 십자가 위에 붙이니 나사렛 예수 유대인의 왕이라 기록되었더라

▌**계 19:16** 그 옷과 그 다리에 이름을 쓴 것이 있으니 만왕의 왕이요 만주의 주라 하였더라

다윗 언약의 핵심은 여자의 후손 언약에서 약속하신 메시아가 유다 지파의 후손이자 다윗의 후손인 왕으로 오신다는 것입니다. 이는 하나님의 아들이시며 다윗의 후손인 예수님께서 그 언약을 성취시킬 것이기 때문에 무조건적인 언약입니다. 장차 예수님께서 그의 왕국을 세우시고 다윗의 위를 받아 영원히 다스릴 것입니다.

하나님께서는 아브라함에게 약속하신 지 약 2천 년 만에, 다윗에게 약속하신 지 약 1천 년 만에 예수 그리스도를 통해 언약을 성취하셨습니다. 앞으로 메시아이신 예수님이 만왕의 왕으로 다시 오셔서 메시아 왕국천년왕국을 이루실 때 다윗 언약은 최종 완성될 것입니다.

7) 새 언약

▌**렘 31:31-33** 31 여호와의 말씀이니라 보라 날이 이르리니 내가 이스라엘 집과 유다 집에 새 언약을 맺으리라 32 이 언약은 내가 그들의 조상들의 손을 잡고 애굽 땅에서 인도하여 내던 날에 맺은 것과 같지 아니할 것은 내가 그들의 남편이 되었어도 그들이 내 언약을 깨뜨렸음이라 여호와의 말씀이니라 33 그러나 그 날 후에 내가 이스라엘 집과 맺을 언약은 이러하니 곧 내가 나의 법을 그들의 속에 두며 그들의 마음에 기록하여 나는 그들의 하나님이 되고 그들은 내 백성이 될 것이라 여호와의 말씀이니라

▌**겔 36:26-28** 26 또 새 영을 너희 속에 두고 새 마음을 너희에게 주되 너희 육신에서 굳은

마음을 제거하고 부드러운 마음을 줄 것이며 27 또 내 영을 너희 속에 두어 너희로 내 율례를 행하게 하리니 너희가 내 규례를 지켜 행할지라 28 내가 너희 조상들에게 준 땅에서 너희가 거주하면서 내 백성이 되고 나는 너희 하나님이 되리라

▌ **눅 22:20** 저녁 먹은 후에 잔도 그와 같이 하여 이르시되 이 잔은 내 피로 세우는 새 언약이니 곧 너희를 위하여 붓는 것이라

▌ **고전 11:25** 식후에 또한 그와 같이 잔을 가지시고 이르시되 이 잔은 내 피로 세운 새언약이니 이것을 행하여 마실 때마다 나를 기념하라 하셨으니

▌ **갈 3:13-14** 13 그리스도께서 우리를 위하여 저주를 받은 바 되사 율법의 저주에서 우리를 속량하셨으니 기록된 바 나무에 달린 자마다 저주 아래에 있는 자라 하였음이라 14 이는 그리스도 예수 안에서 아브라함의 복이 이방인에게 미치게 하고 또 우리로 하여금 믿음으로 말미암아 성령의 약속을 받게 하려 함이라

▌ **롬 11:17-18** 17 또한 가지 얼마가 꺾이었는데 돌감람나무인 네가 그들 중에 접붙임이 되어 참감람나무 뿌리의 진액을 함께 받는 자가 되었은즉 18 그 가지들을 향하여 자랑하지 말라 자랑할지라도 네가 뿌리를 보전하는 것이 아니요 뿌리가 너를 보전하는 것이니라

새 언약은 옛 언약인 '모세 언약'과 상대되는 것입니다. 이스라엘은 옛 언약율법을 지키는 데 실패했습니다. 그러나 옛 언약이 그보다 사백삼십 년 전에 이미 주셨던 아브라함 언약을 헛되게 할 수는 없습니다. 하나님은 아브라함 언약을 지속시키시기 위해 새 언약을 주신 것입니다. 이 약속은 에스겔서에서 확정됩니다(겔 36:26-28).

새 언약이 약속하고 있는 율법의 내면화는 예수님이 십자가에서 흘리신 피로 세워지고(눅 22:20) 성령의 강림을 통해 구체적으로 성취됩니다. 옛 언약율법은 죄를 깨닫게 하지만 성령의 법인 새 언약은 율법의 완성을 가능하게 합니다.

새 언약의 성취는 이방인의 충만한 수가 차고 그리하여 온 이스라엘이 구원을 받을 때(롬 11:25-27) 온전하게 이루어집니다. 새 언약의 완성은 메시아 왕국천년왕국에서 경험하게 될 것입니다.

하나님은 이방인들도 언약에 참여하도록 이스라엘 집과 유다 집과 맺은 새 언약의 문을 열어 주셨습니다. 이방인들이 그리스도를 믿어 새 언약에 접붙여짐으로써 유대

인들의 영적 축복을 나누게 된 것입니다. 바울은 이에 대해 이방인이 유대인의 뿌리에 접붙힘 받은 자로써 자긍하지 말 것을 권면하고 있습니다.

하나님은 우리가 믿음으로 성령의 약속을 받아 새 언약에 동참할 길을 열어 주셨으며 또한 능히 새 언약의 일꾼 되게 하셨습니다(고전 3:6).

8) 예루살렘 언약

▋ **겔 16:59–60** 59 나 주 여호와가 이같이 말하노라 네가 맹세를 멸시하여 언약을 배반하였은즉 내가 네 행한 대로 네게 행하리라 60 그러나 내가 너의 어렸을 때에 너와 세운 언약을 기억하고 너와 영원한 언약을 세우리라.

▋ **겔 16:62–63** 62 내가 네게 내 언약을 세워 내가 여호와인 줄 네가 알게 하리니 63 이는 내가 네 모든 행한 일을 용서한 후에 네가 기억하고 놀라고 부끄러워서 다시는 입을 열지 못하게 하려 함이니라 주 여호와의 말씀이니라

▋ **사 24:23** 그 때에 달이 수치를 당하고 해가 부끄러워하리니 이는 만군의 여호와께서 시온 산과 예루살렘에서 왕이 되시고 그 장로들 앞에서 영광을 나타내실 것임이라

▋ **시 122:2–5** 2 예루살렘아 우리 발이 네 성문 안에 섰도다 3 예루살렘아 너는 잘 짜여진 성읍과 같이 건설 되었도다 4 지파들 곧 여호와의 지파들이 여호와의 이름에 감사하려고 이스라엘의 전례대로 그리로 올라가는도다 5 거기에 심판의 보좌를 두셨으니 곧 다윗의 집의 보좌로다

이 모든 언약의 충만한 성취는 예루살렘 언약입니다. 메시아 예수님께서 예루살렘에서 왕이 되심으로써 아브라함 언약부터 새 언약의 성취가 완성되는 것입니다. 새 예루살렘이 하늘에서 내려와 예루살렘이 즐거운 성으로 창조되는 것(사 65:17–18)이 예루살렘 언약의 충만한 완성입니다.

4. 결 론

우리는 장차 여자 후손 언약, 아브라함 언약, 노아 언약, 이스라엘가나안 땅 언약, 모세시내산 언약, 다윗 언약, 새 언약의 온전한 성취를 메시아 왕국천년왕국에서 보게 될 것입니다. 그리고 새 하늘 새 땅에서 예루살렘 언약의 완성, 새 예루살렘을 경험하게 될 것입니다. 이 날을 사모하며 하나님의 언약을 굳게 붙드는 성도는 눈에 보이는 상황에 흔들리지 않고 예수님의 신부로 깨어 준비하게 될 것입니다.

1. 오늘 새롭게 깨달은 성경의 진리는 무엇입니까?

2. 하나님의 언약을 이해하는 것이 우리의 신앙생활에 왜 중요한지 옆 사람과 나누어 보세요.

3. 하나님의 언약 8가지를 기억하는 대로 적어 보세요.

4. 모든 언약 중의 백미白眉는 무엇이며 왜 중요합니까?

제 3 과

하나님의 도시

1. 핵심 말씀

> **창 22:14**
>
> 아브라함이 그 땅 이름을 여호와 이레라 하였으므로 오늘날까지 사람들이 이르기를 여호와의 산에서 준비되리라 하더라
>
> **시 132:13-14**
>
> 13 여호와께서 시온을 택하시고 자기 거처를 삼고자 하여 이르시기를 14 이는 내가 영원히 쉴 곳이라 내가 여기 거주할 것은 이를 원하였음이로다
>
> **마 5:35**
>
> 땅으로도 하지 말라 이는 하나님의 발등상임이요 예루살렘으로도 하지 말라 이는 큰 임금의 성임이요
>
> **사 24:23**
>
> 그 때에 달이 수치를 당하고 해가 부끄러워하리니 이는 만군의 여호와께서 시온 산과 예루살렘에서 왕이 되시고 그 장로들 앞에서 영광을 나타내실 것임이라

2. 핵심 주제

예루살렘은 시온과 함께 성경에서 약 1,000회 언급되는 유일한 도시입니다. 창세기에서부터 계시록까지 지속적으로 등장하는 도시이기도 합니다. 예루살렘은 하나님께서 아브라함을 통해 "여호와 이레"(창 22:14)라고 부르신 땅이며, 성전 부지로 하나님께서 직접 택하신 곳입니다(대하 3:1). 또한 예수님께서 죽으시고(눅 13:33) 부활 승천

하셨으며(행 1:9-12) 다시 오실 곳입니다(슥 14:4). 그뿐만 아니라 성령이 강림하신 곳이며(행 2:5-6) 최초의 교회가 시작된 곳입니다(행 8:1).

예루살렘예루살라임 יְרוּשָׁלַםִ은 하늘의 예루살렘과 땅의 예루살렘을 의미하는 쌍수입니다.

3. 학습 목표

> Q1 예루살렘이 왜 중요합니까?
>
> Q2 예루살렘의 역사는 어떠했습니까?
>
> Q3 예수님의 재림과 예루살렘은 어떤 관계입니까?

Q1 예루살렘이 왜 중요합니까?

▎**엡 1:10** 하늘에 있는 것이나 땅에 있는 것이 다 그리스도 안에서 통일되게 하려 하심이라

▎**창 22:14** 아브라함이 그 땅 이름을 여호와 이레라 하였으므로 오늘날까지 사람들이 이르기를 여호와의 산에서 준비되리라 하더라

▎**신 16:2** 여호와께서 자기의 이름을 두시려고 택하신 곳에서 소와 양으로 네 하나님 여호와께 유월절 제사를 드리되

▎**대상 22:1** 다윗이 이르되 이는 여호와 하나님의 성전이요 이는 이스라엘의 번제단이라 하였더라

▎**눅 13:33** 그러나 오늘과 내일과 모레는 내가 갈 길을 가야 하리니 선지자가 예루살렘 밖에서는 죽는 법이 없느니라

▎**행 2:5-6** 5 그 때에 경건한 유대인들이 천하 각국으로부터 와서 예루살렘에 머물러 있더

니 6 이 소리가 나매 큰 무리가 모여 각각 자기의 방언으로 제자들이 말하는 것을 듣고 소동하여

▎**행 8:1** 사울은 그가 죽임 당함을 마땅히 여기더라 그 날에 예루살렘에 있는 교회에 큰 박해가 있어 사도 외에는 다 유대와 사마리아 모든 땅으로 흩어지니라

▎**마 5:35** 땅으로도 하지 말라 이는 하나님의 발등상임이요 예루살렘으로도 하지 말라 이는 큰 임금의 성임이요

▎**시 2:6** 내가 나의 왕을 내 거룩한 산 시온에 세웠다 하시리로다

▎**마 24:15** 그러므로 너희가 선지자 다니엘이 말한 바 멸망의 가증한 것이 거룩한 곳에 선 것을 보거든(읽는 자는 깨달을지저)

▎**눅 21:24** 그들이 칼날에 죽임을 당하며 모든 이방에 사로잡혀 가겠고 예루살렘은 이방인의 때가 차기까지 이방인들에게 밟히리라

▎**슥 14:4** 그 날에 그의 발이 예루살렘 앞 곧 동쪽 감람 산에 서실 것이요 감람 산은 그 한 가운데가 동서로 갈라져 매우 큰 골짜기가 되어서 산 절반은 북으로, 절반은 남으로 옮기고

▎**시 122:5-6** 5 거기에 심판의 보좌를 두셨으니 곧 다윗의 집의 보좌로다 6 예루살렘을 위하여 평안을 구하라 예루살렘을 사랑하는 자는 형통하리로다

예루살렘예루살라임 יְרוּשָׁלַיִם / Jerusalem은 평화의 기초the foundation of the peace라는 뜻으로 성산, 시온, 시온산성, 하나님의 성, 살렘, 외인의 성읍, 여부스, 아리엘 등 여러 가지로 표현됩니다. 예루살렘이란 단어만으로도 성경에 766회구약 628회, 신약 138회 쓰이고 있으며 시온까지 포함하면 약 1,000회 사용되고 있습니다. 그러나 "예루살렘"이란 단어가 코란에는 단 한 번도 언급되지 않습니다.

성경에는 하나님의 이름을 두시겠다는 말씀이 37번 나옵니다. 하나님의 이름을 두시는 곳은 하나님이 계신 곳입니다. 이름은 그 이름을 가지고 있는 이의 현존 그 자체이기 때문입니다. 따라서 하나님께서 자신의 이름을 두시려고 택하신 곳은 곧 거기서 거주하도록 택하신 곳이라는 의미입니다. 즉 하나님께서 직접 거주하시면서 예배를 받으시는 장소인 것입니다. 그러므로 하나님께서 그의 이름을 두시려고 택하신 곳이

란 하나님께 예배하며 섬기라고 주권적으로 택하신 곳입니다.

하나님의 비전은 처음부터 하늘의 예루살렘과 땅의 예루살렘이 통일되는 것입니다. 하나님은 믿음의 조상 아브라함에게 여호와의 산모리아산으로 가서 예배를 드리도록 인도하셨습니다. 모세를 통해 가나안 땅으로 인도하신 것도 결국 예루살렘에서 예배 드리도록 한 것입니다. 다윗은 40년 통치기간 중 7년을 헤브론에서, 33년 동안 예루살렘을 수도로 삼고 통치했습니다. 그리고 결국 모리아 산이 하나님의 성전이며 이스라엘의 번제단임을 깨닫습니다(대상 22:1).

또한 예수님은 유월절 어린 양으로 예루살렘에서 우리의 죄를 위한 제물이 되셨고 예루살렘에서 십자가에 달려 죽으셨으며 예루살렘에서 부활, 승천하셨습니다. 그리고 예루살렘으로 성령님을 보내시어 예루살렘에서 교회가 시작되게 하셨습니다.

또한 예수님은 예루살렘을 큰 임금의 성이라고 말씀하심으로써 장차 메시아 왕국의 수도임을 밝히셨습니다. 예수님이 다시 오실 때 예루살렘에 보좌를 두시고 온 세계를 통치하실 것입니다. 하나님은 예수 그리스도를 만왕의 왕으로 세우셨을 뿐 아니라, 왕이 통치하는 도시를 시온예루살렘으로 정하셨습니다.

예수님은 재림의 징조로 예루살렘에 대하여 말씀하셨습니다. 선지자 다니엘이 말한 바 "멸망의 가증한 것이 거룩한 곳성전에 선 것을 보게 되는 것"과 이방인의 충만한 수가 찰 때까지 예루살렘이 이방인에 의해 침략을 당하다가 회복되는 것을 징조로 보라고 하셨습니다.

예루살렘이 하나님의 비전에 이렇게 중요한 곳이기 때문에 하나님은 예루살렘을 위해 기도하는 자와 예루살렘을 사랑하는 자에게 형통의 복(시 122:5-6)을 약속하셨습니다.

Q2 예루살렘의 역사는 어떠했습니까?

▌ 창 14:18 살렘 왕 멜기세덱이 떡과 포도주를 가지고 나왔으니 그는 지극히 높으신 하나님의 제사장이었더라

▎**창 22:14** 아브라함이 그 땅 이름을 여호와 이레라 하였으므로 오늘날까지 사람들이 이르기를 여호와의 산에서 준비되리라 하더라

▎**삼하 5:7** 다윗이 시온 산성을 빼앗았으니 이는 다윗 성이더라

▎**대하 36:18-19** 18 또 하나님의 전의 대소 그릇들과 여호와의 전의 보물과 왕과 방백들의 보물을 다 바벨론으로 가져가고 19 또 하나님의 전을 불사르며 예루살렘 성벽을 헐며 그들의 모든 궁실을 불사르며 그들의 모든 귀한 그릇들을 부수고

▎**스 6:14-15** 14 유다 사람의 장로들이 선지자 학개와 잇도의 손자 스가랴의 권면을 따랐으므로 성전 건축하는 일이 형통한지라 이스라엘 하나님의 명령과 바사 왕 고레스와 다리오와 아닥사스다의 조서를 따라 성전을 건축하며 일을 끝내되 15 다리오 왕 제육년 아달월 삼일에 성전 일을 끝내니라

▎**막 13:2** 예수께서 이르시되 네가 이 큰 건물들을 보느냐 돌 하나도 돌 위에 남지 않고 다 무너뜨려지리라 하시니라

살렘은 멜기세덱이 왕으로 다스렸던 곳으로 예루살렘의 초기 이름입니다. 예루살렘은 창세기 14장에서 벌써 아브람에게 계시될 정도로 하나님의 최대 관심 도시였습니다(시 110:4).

다윗은 예수님의 예표로서 예루살렘 정복을 완성했습니다. 그는 통일 이스라엘의 왕이 된 후 언약궤를 예루살렘에 모셔옴으로써 여호와 하나님께서 예루살렘에 임재하시도록 길을 열었습니다. 다윗은 "이스라엘 하나님 여호와의 이름을 위하여" 하나님이 거하실 처소성전를 준비하였고 솔로몬을 통해 성전 건축이 완성되었습니다(대하 6:10-11).

BC 586년에 느부갓네살에 의해 성전은 파괴되었습니다. 그후 다리오 왕 때 스룹바벨 성전제2성전이 완공되었고, 이 성전이 향후 헤롯대왕 때 증축되어 예수님 시대의 성전이 되었습니다. AD 70년 로마 장군 티투스에 의해 성전은 완전히 파괴되었으며 현재에 이르고 있습니다.

✳ 예루살렘이 이방인에게 밟힌 역사

▶ AD 70년 로마 ⋯▸ 비잔틴 ⋯▸ 아랍 ⋯▸ 십자군 ⋯▸ 맘루크 ⋯▸ 오스만 터키 ⋯▸ 영국 ⋯▸ 요르단 ⋯▸ 1967년 예루살렘 회복

✳ 현대 예루살렘의 역사

1864년	공식 문서-예루살렘-유대인 최다수
1897년	스위스 / 바젤 / 시온주의 의회테오도르 헤르츨
1917년	밸푸어선언-유대국가 건설 약속
1920년	산레모협정-유대인 거주국 건설 약속이스라엘의 마그나 카르타
1922년	국제연맹 결의안영국에 유대국가 건설 권한 위임 1939-1945 유대인 6백만 명 죽음
1947년	유엔 분할안 가결찬성 33 기권 10 반대 13 독립 당시 예루살렘 총 인구는 165,000명 유대인 100,000명(60%), 무슬림 25%, 기독교인 15%
1948년	이스라엘 건국-1차 중동전쟁1948년 5월 – 1949년 3월
1967년	6일 전쟁6월 5-10일 예루살렘 회복
2018년	미 대사관 예루살렘 이전트럼프 대통령, 2018.5.14

Q3 예수님의 재림과 예루살렘은 어떤 관계입니까?

▌ 행 1:11 이르되 갈릴리 사람들아 어찌하여 서서 하늘을 쳐다보느냐 너희 가운데서 하늘로 올려지신 이 예수는 하늘로 가심을 본 그대로 오시리라 하였느니라

▌**슥 14:4** 그 날에 그의 발이 예루살렘 앞 곧 동쪽 감람 산에 서실 것이요 감람 산은 그 한 가운데가 동서로 갈라져 매우 큰 골짜기가 되어서 산 절반은 북으로 절반은 남으로 옮기고

▌**마 24:15** 그러므로 너희가 선지자 다니엘이 말한 바 멸망의 가증한 것이 거룩한 곳에 선 것을 보거든 (읽는 자는 깨달을진저)

▌**살후 2:3–4** 3 누가 어떻게 하여도 너희가 미혹되지 말라 먼저 배교하는 일이 있고 저 불법의 사람 곧 멸망의 아들이 나타나기 전에는 그 날이 이르지 아니하리니 4 그는 대적하는 자라 신이라고 불리는 모든 것과 숭배함을 받는 것에 대항하여 그 위에 자기를 높이고 하나님의 성전에 앉아 자기를 하나님이라고 내세우느니라

▌**계 11:2** 성전 바깥 마당은 측량하지 말고 그냥 두라 이것은 이방인에게 주었은 즉 그들이 거룩한 성을 마흔 두 달 동안 짓밟으리라

▌**슥 12:2–3** 2 보라 내가 예루살렘으로 그 사면 모든 민족에게 취하게 하는 잔이 되게 할 것이라 예루살렘이 에워싸일 때에 유다에까지 이르리라 3 그 날에는 내가 예루살렘을 모든 민족에게 무거운 돌이 되게 하리니 그것을 드는 모든 자는 크게 상할 것이라 천하 만국이 그것을 치려고 모이리라

▌**욜 3:1–2, 12** 1 보라 그 날 곧 내가 유다와 예루살렘 가운데에서 사로잡힌 자를 돌아오게 할 그 때에 2 내가 만국을 모아 데리고 여호사밧 골짜기에 내려가서 내 백성 곧 내 기업인 이스라엘을 위하여 거기에서 그들을 심문하리니 이는 그들이 이스라엘을 나라들 가운데에 흩어 버리고 나의 땅을 나누었음이며 12 민족들은 일어나서 여호사밧 골짜기로 올라올지어다 내가 거기에 앉아서 사면의 민족들을 다 심판하리로다

▌**마 23:37, 39** 37 예루살렘아 예루살렘아 선지자들을 죽이고 네게 파송된 자들을 돌로 치는 자여 암탉이 그 새끼를 날개 아래에 모음 같이 내가 네 자녀를 모으려 한 일이 몇 번이더냐 그러나 너희가 원하지 아니하였도다 39 내가 너희에게 이르노니 이제부터 너희는 찬송하리로다 주의 이름으로 오시는 이여 할 때까지 나를 보지 못하리라 하시니라

▌**슥 14:16** 예루살렘을 치러 왔던 이방 나라들 중에 남은 자가 해마다 올라와서 그 왕 만군의 여호와께 경배하며 초막절을 지킬 것이라

▌**슥 12:10** 내가 다윗의 집과 예루살렘 주민에게 은총과 간구하는 심령을 부어 주리니 그

들이 그 찌른 바 그를 바라보고 그를 위하여 애통하기를 독자를 위하여 애통하듯 하며 그를 위하여 통곡하기를 장자를 위하여 통곡하듯 하리로다

▎**롬 11:26** 그리하여 온 이스라엘이 구원을 받으리라 기록된 바 구원자가 시온에서 오사 야곱에게서 경건하지 않은 것을 돌이키시겠고

성경은 장차 이방 나라들이 예루살렘무거운 돌을 치러 모여들 것이라고 말씀합니다. 그때에 예수님은 하늘로 올라가신 그대로 다시 오셔서 감람산에 서실 것이고, 예루살 렘을 치러 온 모든 나라들을 멸하실 것입니다. 전 세계는 예루살렘을 중심으로 둘로 나뉘게 될 것입니다. 하나님의 말씀대로 예루살렘을 사랑하고 평안을 구하는 메시아 예수님을 믿는 사람들과, 하나님의 말씀을 대적하고 예루살렘을 치러온 무리들의 편 으로 나눠지게 될 것입니다. 예루살렘을 공격하는 편에 선 나라들은 심판을 받게 될 것입니다. 예수님의 재림 이후 예루살렘은 메시아 정부의 수도로서 열방을 다스리는 본부가 되며 예배의 중심지가 될 것입니다.

4. 결 론

예루살렘은 하나님의 이름을 영원히 두시며(왕하 21:7) 영원히 거주할 곳(시 132:13– 14)이라고 약속하신 하나님의 도시입니다. 사탄은 예수님께서 예루살렘에서 왕이 되 는 것을 방해하기 위해 이방 나라들이 예루살렘 때문에 분노하도록 계략을 부립니다. 하지만 예수님은 성경에 기록된 대로 최후 승리를 거두시고 예루살렘에 왕으로 오셔 서 영원히 다스리실 것입니다.

▎**겔 48:35** 그 사방의 합계는 만 팔천 척이라 그 날 후로는 그 성읍의 이름을 여호와 삼마 여호와께서 거기에 계시다라 하리라

1. 오늘 배운 내용 중 가장 마음에 닿는 부분은 어떤 것입니까?

_____

_____

_____

_____

2. 하나님의 도시는 어디이며 왜 중요한지 옆 사람과 나눠 보세요.

_____

_____

_____

_____

3. 성경에 예루살렘이 등장한 사건들을 기억나는 대로 적어 보세요.

_____

_____

_____

_____

4. 예수님의 재림과 예루살렘은 어떤 관계입니까?

_____

_____

_____

_____

_____

제 *4* 과

하나님의 눈동자

1. 핵심 말씀

출 4:22

너는 바로에게 이르기를 여호와의 말씀에 이스라엘은 내 아들 내 장자라

창 12:3

너를 축복하는 자에게는 내가 복을 내리고 너를 저주하는 자에게는 내가 저주하리니 땅의 모든 족속이 너로 말미암아 복을 얻을 것이라 하신지라

롬 11:25

형제들아 너희가 스스로 지혜 있다 하면서 이 신비를 너희가 모르기를 내가 원하지 아니하노니 이 신비는 이방인의 충만한 수가 들어오기까지 이스라엘의 더러는 우둔하게 된 것이라

렘 24:6-7

6 내가 그들을 돌아보아 좋게 하여 다시 이 땅으로 인도하여 세우고 헐지 아니하며 심고 뽑지 아니하겠고 7 내가 여호와인 줄 아는 마음을 그들에게 주어서 그들이 전심으로 내게 돌아오게 하리니 그들은 내 백성이 되겠고 나는 그들의 하나님이 되리라

2. 핵심 주제

하나님은 이스라엘을 장자로 세우셨고 눈동자처럼 사랑하시며 제사장 나라로서 하나님의 말씀을 맡기셨습니다. 이스라엘을 미워하고 핍박하는 것은 곧 하나님을 미워하는 것입니다. 하나님은 이스라엘을 세계 축복의 통로로 선택하셨습니다. 반유대주

의는 이스라엘 역사만큼 오랜 세월 동안 존재해 왔고 오늘날 더욱 강해지고 있습니다. 하나님은 장자 이스라엘을 결코 버리지 않으십니다. 역사를 통해 기적 같은 사건들을 일으키셔서 이스라엘을 회복하고 계십니다. 우리가 하나님의 이러한 뜻과 계획을 더욱 깨닫고 하나님의 마음에 정렬될 때 깨어 있는 주님의 신부로 준비되는 것입니다.

3. 학습 목표

Q1 이스라엘은 하나님 앞에 어떤 존재입니까?
Q2 언약의 백성 이스라엘은 왜 고난을 받았습니까?
Q3 누가 예수님을 죽였습니까?
Q4 이스라엘의 회복은 어떻게 이루어지고 있습니까?

Q1 이스라엘은 하나님 앞에 어떤 존재입니까?

▌ 출 4:22 너는 바로에게 이르기를 여호와의 말씀에 이스라엘은 내 아들 내 장자라

▌ 슥 2:8 만군의 여호와께서 이같이 말씀하시되 영광을 위하여 나를 너희를 노략한 여러 나라로 보내셨나니 너희를 범하는 자는 그의 눈동자를 범하는 것이라

▌ 창 12:3 너를 축복하는 자에게는 내가 복을 내리고 너를 저주하는 자에게는 내가 저주하리니 땅의 모든 족속이 너로 말미암아 복을 얻을 것이라 하신지라

▌ 민 24:1, 9 1 발람이 자기가 이스라엘을 축복하는 것을 여호와께서 선히 여기심을 보고 전과 같이 점술을 쓰지 아니하고 그의 낯을 광야로 향하여 9 … 너를 축복하는 자마다 복을 받을 것이요 너를 저주하는 자마다 저주를 받을지로다

▌ 출 19:6 너희가 내게 대하여 제사장 나라가 되며 거룩한 백성이 되리라 너는 이 말을 이

스라엘 자손에게 전할지니라

▌ **롬 3:1, 2** ¹ 그런즉 유대인의 나음이 무엇이며 할례의 유익이 무엇이냐 ² 범사에 많으니 우선은 그들이 하나님의 말씀을 맡았음이니라

▌ **롬 9:4, 5** ⁴ 그들은 이스라엘 사람이라 그들에게는 양자 됨과 영광과 언약들과 율법을 세우신 것 예배와 약속들이 있고 ⁵ 조상들도 그들의 것이요 육신으로 하면 그리스도가 그들에게서 나셨으니 그는 만물 위에 계셔서 세세에 찬양을 받으실 하나님이시니라 아멘

▌ **롬 11:28-29** ²⁸ 복음으로 하면 그들이 너희로 말미암아 원수 된 자요 택하심으로 하면 조상들로 말미암아 사랑을 입은 자라 ²⁹ 하나님의 은사와 부르심에는 후회하심이 없느니라

이스라엘은 성경에 약 2,300회 이상 등장합니다. 하나님은 이스라엘을 "내 아들 내 장자", "눈동자"라고 부르십니다. 이스라엘은 하나님이 택하신 축복의 통로입니다. 이스라엘을 통해 온 세계에 복을 흘려 보내기 원하십니다. 이스라엘을 축복하는 자를 축복하심으로써 복을 흘려 보내시는 것입니다. 제사장 나라로써 열방에 하나님을 알리는 사명을 이스라엘에게 맡기신 것입니다. 그뿐만 아니라, 양자 됨, 영광, 언약, 율법, 예배, 약속과 조상은 모두 이스라엘에게 주신 것이며 무엇보다도 예수님께서 유대인으로 오셨습니다. 하나님은 한번 장자 삼으신 언약의 백성 이스라엘을 결코 버리지 않으십니다.

Q2 언약의 백성 이스라엘은 왜 고난을 받았습니까?

▌ **신 28:15, 25, 37** ¹⁵ 네가 만일 네 하나님 여호와의 말씀을 순종하지 아니하여 내가 오늘 네게 명령하는 그의 모든 명령과 규례를 지켜 행하지 아니하면 이 모든 저주가 네게 임하며 네게 이를 것이니 ²⁵ 여호와께서 네 적군 앞에서 너를 패하게 하시리니 네가 그들을 치러 한 길로 나가서 그들 앞에서 일곱 길로 도망할 것이며 네가 또 땅의 모든 나라 중에 흩어지고 ³⁷ 여호와께서 너를 끌어 가시는 모든 민족 중에서 네가 놀람과 속담과

비방거리가 될 것이라

▌**대하 7:19-20** ¹⁹ 그러나 너희가 만일 돌아서서 내가 너희 앞에 둔 내 율례와 명령을 버리고 가서 다른 신들을 섬겨 그들을 경배하면 ²⁰ 내가 너희에게 준 땅에서 그 뿌리를 뽑아 내고 내 이름을 위하여 거룩하게 한 이 성전을 내 앞에서 버려 모든 민족 중에 속담거리와 이야깃거리가 되게 하리니

▌**대하 33:4-6, 9** ⁴ 네가 여호와께서 전에 이르시기를 내가 내 이름을 예루살렘에 영원히 두리라 하신 여호와의 전에 제단들을 쌓고 ⁵ 또 여호와의 전 두 마당에 하늘의 일월성신을 위하여 제단들을 쌓고 ⁶ 또 힌놈의 아들 골짜기에서 그의 아들들을 불 가운데로 지나가게 하며 또 점치며 사술과 요술을 행하며 신접한 자와 박수를 신임하여 여호와 보시기에 악을 많이 행하여 여호와를 진노하게 하였으며 ⁹ 유다와 예루살렘 주민이 므낫세의 꾀임을 받고 악을 행한 것이 여호와께서 이스라엘 자손 앞에서 멸하신 모든 나라보다 더욱 심하였더라

▌**렘 15:4** 유다 왕 히스기야의 아들 므낫세가 예루살렘에 행한 것으로 말미암아 내가 그들을 세계 여러 민족 가운데에 흩으리라

▌**롬 11:25** 형제들아 너희가 스스로 지혜 있다 하면서 이 신비를 너희가 모르기를 내가 원하지 아니하노니 이 신비는 이방인의 충만한 수가 들어오기까지 이스라엘의 더러는 우둔하게 된 것이라

▌**롬 11:11** 그러므로 내가 말하노니 그들이 넘어지기까지 실족하였느냐 그럴 수 없느니라 그들이 넘어짐으로 구원이 이방인에게 이르러 이스라엘로 시기나게 함이니라

▌**사 6:9** 여호와께서 이르시되 가서 이 백성에게 이르기를 너희가 듣기는 들어도 깨닫지 못할 것이요 보기는 보아도 알지 못하리라 하여

▌**롬 11:30-33** ³⁰ 너희가 전에는 하나님께 순종하지 아니하더니 이스라엘이 순종하지 아니함으로 이제 긍휼을 입었는지라 ³¹ 이와 같이 이 사람들이 순종하지 아니하니 이는 너희에게 베푸시는 긍휼로 이제 그들도 긍휼을 얻게 하려 하심이라 ³² 하나님이 모든 사람을 순종하지 아니하는 가운데 가두어 두심은 모든 사람에게 긍휼을 베풀려 하심이로다 ³³ 깊도다 하나님의 지혜와 지식의 풍성함이여, 그의 판단은 헤아리지 못할 것이며 그의 길은 찾지 못할 것이로다

하나님은 신명기에서 이미 이스라엘 백성이 장차 배교할 위험에 대해 경고하셨습니다. 그리고 시내산에서 맺은 조건적 언약율법을 깨고 하나님의 성전에 우상의 제단을 쌓을 정도로 배교의 길을 선택한 이스라엘 백성을, 말씀하신 대로 온 세계에 흩어 조롱거리가 되게 하셨습니다.

그러나 이스라엘이 이런 고난을 겪은 것은 그들의 죄 때문만은 아닙니다. 성경은 이것이 하나님의 섭리요 신비가 개입되어 있다고 말씀하십니다. 하나님께서 이방인의 충만한 수가 차기까지 이스라엘 백성이 우둔하게 되어 깨닫지 못하게 하셨다는 것입니다(신 29:4, 마 13:11-17, 행 28:23-28, 롬 11:8). 바울은 이러한 진리를 깨닫고 "깊도다 하나님의 지혜와 지식의 풍성함이여"(롬 11:33)라고 감탄합니다.

✱ 홀로코스트

✳ 이스라엘 고난의 역사

시 기	사 건
AD 70	예루살렘이 로마에 의해 멸망하고 성전이 완전히 불타고 무너짐
132–135	유대인 바르 코크바 혁명 실패로 약 100만 명 이상의 유대인 사망
313	콘스탄티누스가 기독교를 공인하면서 유대인의 절기와 안식일을 폐하고 새로운 절기들로 대체함으로 유대적 뿌리를 근절시킴
1096 – 1291	십자군 전쟁으로 예루살렘의 유대인들을 회당에 가두고 수십만 명을 죽임 십자군 전쟁으로 유대인 박해가 유럽 전역으로 확산됨
1215	이노센트 3세가 유대인들에게 노란 별을 부착하여 이방인들과 구별
1290	영국에서 16,000명 유대인을 추방하고 1298년 오스트리아 바바리아에서 1만 명 유대인을 살해
1349	유럽 흑사병으로 사망자가 늘자 유대인들이 우물에 독약을 풀었다고 하며 유대인들을 박해하고 죽임
14C – 15C	유럽 게토
1480	스페인 종교 재판에서 유대인 30만 명 이상을 화형 등으로 처형함 중세 유럽에서 종교 재판소 설치하고 유대교 신앙을 지키는 자들을 재산 몰수, 강제 추방, 게토(ghetto)
19C말 – 20C초	러시아 포그럼Pogrom: 1881년 러시아 황제 암살 누명으로 유대인 박해 및 학살100만 명의 유대인들이 서유럽으로 피난하여 가난과 굶주림의 생활
20C	1945년 제2차 세계대전 종전 기간까지 유럽의 유대인 약 600만 명 학살100만 명 이상의 어린이 포함

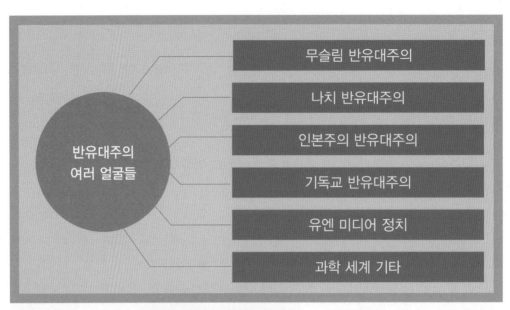

✱ 기독교 반유대주의의 역사

저스틴유스티누스 마터 100–166	유대인들과 맺으신 하나님의 계약은 이제 더 이상 효력이 없고 이방인들이 하나님의 구속적 계획 안에서 유대인들을 대신한다고 주장
이그나티우스 2세기	유대인들과 유월절 축제를 함께 지내다가 유대 절기의 표상을 받아들이는 사람은 누구나 주님과 제자들을 죽인 사람들의 공범자라고 주장

터툴리안 160–220	유명한 기독교 저술가로 『유대인을 반대하며』책 저술. 예수님의 죽음때문에 유대 민족 전체를 비난
오리겐 185–253	교회가 이스라엘을 대신한 "하나님의 참 이스라엘이다."를 최초로 주장. 저주 구절은 이스라엘에 적용하고 축복 구절은 교회에 적용함 반유대주의 토대 제공 오리겐은 철학/신학의 대가로 헬라 철학의 해석 방법인 "비유법" 성경 해석을 도입
유세비우스 263–339	오리겐의 열렬한 추종자로 콘스탄티누스 황제의 친구이자 조언자 반유대주의 사상이 로마의 국가 정책으로 뿌리내리도록 함
콘스탄티누스 272–337	기독교를 공인313년, 유대인을 경멸, 차별함은 기독교인의 마땅한 태도라고 주장 예수 믿으면 할례, 율법, 절기, 의식, 관습 등 유대 전통을 포기할 것을 강요
크리소스톰 344–407	유대인들을 미워하는 것은 기독교인의 의무이고 유대인들은 악마에 붙잡힌 자들로 탐욕스러운 돼지와 같다. 하나님은 항상 유대인들을 미워하신다고 말함
제롬 345–420	유대인들은 성경을 이해할 능력이 없고, 그들이 참된 신앙을 고백할 때까지 가혹하게 핍박해야 한다고 말함
어거스틴 354–430	유대인들은 죽는 것이 마땅하지만, 대신 천벌 받은 증인으로, 교회가 회당을 이겼다는 승리의 증인으로 지구 위를 떠돌아다니도록 운명 지어졌다고 말함
루터 1483–1546	1517년 독일 종교개혁 시작. 「유대인들과 그들의 거짓말에 관하여」 1543년에서 회당을 불태우라고 주장 집들을 파괴하고 기도책과 탈무드 몰수, 랍비 가르침 금지어기면 처형, 통행권 박탈, 고리대금업 금지, 강제노동 부과 루터의 반유대 주장을 히틀러가 이어 받음

기독교 반유대주의는 대체신학을 낳았고 대체신학은 반유대주의를 강화시켰습니다. 유대인 예수 그리스도로 말미암아 구원을 받고 유대인 전도자들에 의해 복음을 받은 이방인들이 잘못된 신학으로 무장하여 유대인을 정죄하고 핍박을 일삼은 것입니다. 십자군 전쟁, 종교 재판, 홀로코스트는 우연히 발생한 역사가 아니라 뿌리 깊은 반유대주의 신학의 썩은 열매인 것입니다. 이러한 박해로 인해 유대인들은 점점 예수님과 교회로부터 멀어져갔고 이제는 강력한 원수가 되어 있음을 성경은 말합니다(엡 2:14).

우리들이 알고 있는 유명한 사람들과 많은 사람들 그리고 존경하는 신학자들이 반유대주의에 앞장서고 대중들이 이를 따라 감으로써 반유대주의는 점점 심화되었고 결국 홀로코스트라는 만행으로 이어져 600만 명의 유대인이 학살당하게 되었습니다.

하나님은 이 비극조차 이스라엘 국가 재탄생이라는 선으로 바꾸셔서, 이방의 기독교인들에게 하나님의 때를 알리는 징조로 나타내셨습니다. 하나님은 오늘도 변함없이 인류 구원의 계획을 이루어 가십니다.

이스라엘과 맺은 언약은 그들의 불신앙으로 인해 파기되었고 이제는 교회가 그 모든 언약의 주체로 대체되었다는 대체신학은 비 성경적인 잘못된 주장입니다. 성경에는 교회가 이스라엘을 대신했다는 구절이 한 곳도 없습니다.

Q3 누가 예수님을 죽였습니까?

▎ 마 27:25 백성이 다 대답하여 이르되 그 피를 우리와 우리 자손에게 돌릴지어다 하거늘
▎ 사 53:5-6 5 그가 찔림은 우리의 허물 때문이요 그가 상함은 우리의 죄악 때문이라 그가 징계를 받으므로 우리는 평화를 누리고 그가 채찍에 맞으므로 우리는 나음을 받았도다 6 우리는 다 양 같아서 그릇 행하여 각기 제 길로 갔거늘 여호와께서는 우리 모두의 죄악을 그에게 담당시키셨도다
▎ 요 10:17-18 17 내가 내 목숨을 버리는 것은 그것을 내가 다시 얻기 위함이니 이로 말미암아 아버지께서 나를 사랑하시느니라 18 이를 내게서 빼앗는 자가 있는 것이 아니라 내

가 스스로 버리노라 나는 버릴 권세도 있고 다시 얻을 권세도 있으니 이 계명은 내 아버지에게서 받았노라 하시니라

▌행 2:23 그가 하나님께서 정하신 뜻과 미리 아신 대로 내준 바 되었거늘 너희가 법 없는 자들의 손을 빌려 못 박아 죽였으나

▌마 26:54, 56 ⁵⁴ 내가 만일 그렇게 하면 이런 일이 있으리라 한 성경이 어떻게 이루어지겠느냐 하시더라 ⁵⁶ 그러나 이렇게 된 것은 다 선지자들의 글을 이루려 함이니라 하시더라 이에 제자들이 다 예수를 버리고 도망하니라

▌요 19:19-20 ¹⁹ 빌라도가 패를 써서 십자가 위에 붙이니 나사렛 예수 유대인의 왕이라 기록되었더라 ²⁰ 예수께서 못 박히신 곳이 성에서 가까운 고로 많은 유대인이 이 패를 읽는데 히브리와 로마와 헬라 말로 기록되었더라

▌빌 2:8-9 ⁸ 사람의 모양으로 나타나사 자기를 낮추시고 죽기까지 복종하셨으니 곧 십자가에 죽으심이라 ⁹ 이러므로 하나님이 그를 지극히 높여 모든 이름 위에 뛰어난 이름을 주사

유대인의 왕이시며 만왕의 왕이신 예수님은 성경에 기록된 대로 십자가에 못박혀 죽으셨습니다. 이 메시아 예수님을 죽인 것은 유대인만이 아닙니다. 우리의 모든 죄를 대속해서 하나님의 어린 양으로 죽으셨기 때문입니다. 예수님의 십자가 죽음은 하나님이 인류를 구원하시기 위해 계획하신 일이며 예수님은 그 하나님의 뜻에 철저하게 순종하여 스스로 목숨을 버린 것입니다.

Q4 이스라엘의 회복은 어떻게 이루어지고 있습니까?

▌렘 31:35-37 (현대인의 성경) ³⁵ 낮이 빛을 내는 해를 주시고 달과 별들의 질서를 정하셔서 밤을 비추게 하시며 바다를 휘저어 성난 파도를 일으키시는 여호와 그의 이름은 전능하신 여호와이시다 여호와께서 말씀하신다 ³⁶ 이런 자연 질서가 지속되는 한 이스라엘도 언제까지나 나라로서 존속할 것이다 ³⁷ 하늘이 측량되고 땅의 기초가 탐지된다면

몰라도 그런 일이 있기 전에는 이스라엘 백성이 죄를 지었다는 이유로 내가 그들을 버리지 않을 것이다

▌ **롬 11:1** 그러므로 내가 말하노니 하나님이 자기 백성을 버리셨느냐 그럴 수 없느니라 나도 이스라엘인이요 아브라함의 씨에서 난 자요 베냐민 지파라

▌ **시 89:34** 내 언약을 깨뜨리지 아니하고 내 입술에서 낸 것은 변하지 아니하리로다

▌ **사 66:8** 이러한 일을 들은 자가 누구이며 이러한 일을 본 자가 누구이냐 나라가 어찌 하루에 생기겠으며 민족이 어찌 한 순간에 태어나겠느냐 그러나 시온은 진통하는 즉시 그 아들을 순산하였도다

▌ **사 51:3** 나 여호와가 시온의 모든 황폐한 곳들을 위로하여 그 사막을 에덴 같게 그 광야를 여호와의 동산 같게 하였나니 그 가운데에 기뻐함과 즐거워함과 감사함과 창화하는 소리가 있으리라

▌ **겔 36:24** 내가 너희를 여러 나라 가운데에서 인도하여 내고 여러 민족 가운데에서 모아 데리고 고국 땅에 들어가서

▌ **렘 16:14-15** 14 여호와의 말씀이니라 그러나 보라 날이 이르리니 다시는 이스라엘 자손을 애굽 땅에서 인도하여 내신 여호와께서 살아 계심을 두고 맹세하지 아니하고 15 이스라엘 자손을 북방 땅과 그 쫓겨 났던 모든 나라에서 인도하여 내신 여호와께서 살아 계심을 두고 맹세하리라 내가 그들을 그들의 조상들에게 준 그들의 땅으로 인도하여 들이리라

▌ **겔 36:26-28** 26 또 새 영을 너희 속에 두고 새 마음을 너희에게 주되 너희 육신에서 굳은 마음을 제거하고 부드러운 마음을 줄 것이며 27 또 내 영을 너희 속에 두어 너희로 내 율례를 행하게 하리니 너희가 내 규례를 지켜 행할지라 28 내가 너희 조상들에게 준 땅에서 너희가 거주하면서 내 백성이 되고 나는 너희 하나님이 되리라

이스라엘의 회복은 나라의 회복, 땅의 회복, 백성의 회복 그리고 영의 회복까지 통합적으로 이루어집니다. 이스라엘의 회복은 하나님의 신실하심에 대한 확실한 증거입니다. 회복 중에서도 땅의 회복을 바르게 이해하는 것은 매우 중요합니다. 하나님의 나라는 영적 세계와 물리적 세계의 조화입니다. 죽어서 천국 가는 것으로 끝이라면 부

활의 몸(눅 24:36-43)은 필요 없을 것입니다. 이스라엘의 회복 역시 영적인 회복만이 아니라 물리적인 땅과 백성과 나라의 회복 또한 중요한 것입니다.

하나님은 1948년 전 세계가 주목하는 가운데 단 하루 만에 이스라엘 나라를 세우심으로써 하나님의 약속에 대한 신실하심을 증거하셨습니다. 이는 이방인들에게 확실한 징조가 되는 사건입니다. 이스라엘 나라가 세워지면서 오랫동안 버려지고 황폐하여 사막 같았던 그 땅은 오아시스 같은 기름진 땅으로 회복되었고 각종 지하자원의 보고라는 사실이 밝혀지고 있습니다.

또한 인적이 없이 적막하던 그 땅에 현재 유대인 약 630만 명을 포함하여 약 930만 명 이상이 거주하고 있으며2021년 초 통계, 전 세계에 흩어진 디아스포라 유대인들이 고토로 알리야עֲלִיָּה Aliyah하고 있습니다. 알리야란 '올라가다'는 뜻으로 유대인 디아스포라들이 유대인의 땅인 이스라엘로 돌아가는 것을 말합니다. 성경은 알리야에 관한 말씀에 700구절 이상을 할애하고 있습니다.

✽ 에스겔이 본 이스라엘의 회복 과정

1단계	에스겔 36:24	고국 땅으로 돌아옴	민족적 회복
2단계	에스겔 36:25	맑은 물로 정결케 함	영적 회복회개
3단계	에스겔 36:26-27	새 영과 새 마음을 받음	영적 회복성령
4단계	에스겔 36:28	하나님과 백성 관계 회복	관계 회복
5단계	에스겔 36:34-35	황폐한 땅이 에덴 동산같이	땅의 회복
6단계	에스겔 37:17	둘이 하나가 되리라	국가 회복
7단계	에스겔 37:24-28	다윗이 영원히 그들의 왕이 됨	메시아 왕국

4. 결론

　신실하신 하나님은 이스라엘을 결코 버리지 않으셨습니다. 교회는 지난 2천 년 동안의 반유대주의를 회개하고 대체 신학을 회복 신학으로 바꾸기 위해 최선의 노력을 다해야 합니다. 하나님 아버지의 마음을 깨달은 성숙한 성도는 이스라엘과 맺은 하나님의 언약을 이해하고 그 언약이 완전하게 성취되도록 사모하는 마음으로 깨어 기도해야 할 것입니다. 또한 이스라엘이 사명을 감당하도록 축복하고 위로하며 사랑으로 섬기며, 점점 극심해지는 각종 반유대주의로부터 유대인들을 보호하고 이스라엘 편에 서야 할 것입니다.

1. 오늘 새롭게 깨달은 성경의 진리는 무엇입니까?

2. 누가 예수님을 죽였습니까?

3. 이스라엘이 받은 고난에 대해 어떻게 느끼는지 옆 사람과 나누어 보세요.

4. 반유대주의 흐름에 대해 교회는 어떤 태도를 취하는 것이 성경적으로 바른 자세라고 생각하십니까? 그룹 토의

제 5 과

하나님의 백성

1. 핵심 말씀

출 19:5-6

5 세계가 다 내게 속하였나니 너희가 내 말을 잘 듣고 내 언약을 지키면 너희는 모든 민족 중에서 내 소유가 되겠고 6 너희가 내게 대하여 제사장 나라가 되며 거룩한 백성이 되리라 너는 이 말을 이스라엘 자손에게 전할지니라

벧전 2:9-10

9 그러나 너희는 택하신 족속이요 왕 같은 제사장들이요 거룩한 나라요 그의 소유가 된 백성이니 이는 너희를 어두운 데서 불러 내어 그의 기이한 빛에 들어가게 하신 이의 아름다운 덕을 선포하게 하려 하심이라 10 너희가 전에는 백성이 아니더니 이제는 하나님의 백성이요 전에는 긍휼을 얻지 못하였더니 이제는 긍휼을 얻은 자니라

엡 2:14-15

14 그는 우리의 화평이신지라 둘로 하나를 만드사 원수 된 것 곧 중간에 막힌 담을 자기 육체로 허시고 15 법조문으로 된 계명의 율법을 폐하셨으니 이는 이 둘로 자기 안에서 한 새 사람을 지어 화평하게 하시고

요 17:22

내게 주신 영광을 내가 그들에게 주었사오니 이는 우리가 하나가 된 것 같이 그들도 하나가 되게 하려 함이니이다

계 1:5-6

5 또 충성된 증인으로 죽은 자들 가운데에서 먼저 나시고 땅의 임금들의 머리가 되신 예수 그리스도로 말미암아 은혜와 평강이 너희에게 있기를 원하노라 우리

를 사랑하사 그의 피로 우리 죄에서 우리를 해방하시고 6 그의 아버지 하나님을 위하여 우리를 나라와 제사장으로 삼으신 그에게 영광과 능력이 세세토록 있기를 원하노라 아멘

2. 핵심 주제

성경은 하나님과 하나님의 백성에 관한 스토리입니다. 이스라엘은 피로 언약을 맺은 하나님의 백성입니다(출 24:1-8). 그 이스라엘을 통해 메시아 예수님께서 이 땅에 오셨고 죽으셨고 부활하셨습니다. 예수님의 부활하심으로 성령이 강림하셨으며 교회가 탄생했습니다. 베드로는 교회를 하나님의 백성(벧전 2:10)으로 표현합니다. 교회의 완성은 믿는 유대인과 믿는 이방인이 연합하여 한 새 사람을 이루는 것으로 성취됩니다. 이는 그리스도 예수 안에서 온전한 하나님의 백성의 공동체를 이루라는 뜻입니다.

3. 학습 목표

Q1 하나님의 백성으로서 이스라엘의 정체성은 무엇입니까?

Q2 하나님의 백성으로서 교회의 정체성은 무엇입니까?

Q3 새 사람의 의미는 무엇입니까?

Q4 한 새 사람의 의미는 무엇입니까?

Q5 어린 양의 신부는 무슨 뜻입니까?

Q1 하나님의 백성으로서 이스라엘의 정체성은 무엇입니까?

▮ **출 19:5-6** 5 세계가 다 내게 속하였나니 너희가 내 말을 잘 듣고 내 언약을 지키면 너희는 모든 민족 중에서 내 소유가 되겠고 6 너희가 내게 대하여 제사장 나라가 되며 거룩한 백성이 되리라 너는 이 말을 이스라엘 자손에게 전할지니라

▮ **롬 3:1-2** 1 그런즉 유대인의 나음이 무엇이며 할례의 유익이 무엇이냐 범사에 많으니 우선은 그들이 하나님의 말씀을 맡았음이니라 2 범사에 많으니 우선은 그들이 하나님의 말씀을 맡았음이니라

▮ **레 23:2** 이스라엘 자손에게 말하여 이르라 이것이 나의 절기들이니 너희가 성회로 공포할 여호와의 절기들이니라

▮ **사 42:6** 나 여호와가 의로 너를 불렀은즉 내가 네 손을 잡아 너를 보호하며 너를 세워 백성의 언약과 이방의 빛이 되게 하리니

▮ **눅 2:30-32** 30 내 눈이 주의 구원을 보았사오니 31 이는 만민 앞에 예비하신 것이요 32 이방을 비추는 빛이요 주의 백성 이스라엘의 영광이니이다 하니

▮ **창 17:7** 내가 내 언약을 나와 너 및 네 대대 후손 사이에 세워서 영원한 언약을 삼고 너와 네 후손의 하나님이 되리라

▮ **롬 11:28** 복음으로 하면 그들이 너희로 말미암아 원수 된 자요 택하심으로 하면 조상들로 말미암아 사랑을 입은 자라

하나님 백성의 정체성의 핵심은 하나님의 소유된 백성, 하나님을 위한 제사장 나라, 하나님의 거룩한 백성입니다. 이스라엘은 하나님의 백성으로 먼저 부르심 받은 민족입니다.

하나님의 소유된 백성은 '신분'status을, 하나님을 위한 제사장 나라는 '사명'mission을, 하나님의 거룩한 백성은 어떤 '삶'life style을 살아야 하는지를 밝혀줍니다.

이러한 정체성의 토대 위에 이스라엘은 특별히 하나님의 말씀을 맡은 민족입니다. 또한 택하신 곳에서 여호와의 절기를 지킬 사명을 받은 민족입니다. 그뿐만 아니라 하나님과 언약을 맺었으며, 이방의 빛이 되라는 사명을 받았으며 택하심으로 하면 조상

들로 말미암아 사랑을 입은 백성입니다.

Q2 하나님의 백성으로서 교회의 정체성은 무엇입니까?

▌ **벧전 2:9-10** ⁹ 그러나 너희는 택하신 족속이요 왕 같은 제사장들이요 거룩한 나라요 그의 소유가 된 백성이니 이는 너희를 어두운 데서 불러 내어 그의 기이한 빛에 들어가게 하신 이의 아름다운 덕을 선포하게 하려 하심이라 ¹⁰ 너희가 전에는 백성이 아니더니 이제는 하나님의 백성이요 전에는 긍휼을 얻지 못하였더니 이제는 긍휼을 얻은 자니라

▌ **마 16:16-18** ¹⁶ 시몬 베드로가 대답하여 이르되 주는 그리스도시요 살아 계신 하나님의 아들이시이다 ¹⁷ 예수께서 대답하여 이르시되 바요나 시몬아 네가 복이 있도다 이를 네게 알게 한 이는 혈육이 아니요 하늘에 계신 내 아버지시니라 ¹⁸ 또 내가 네게 이르노니 너는 베드로라 내가 이 반석 위에 내 교회를 세우리니 음부의 권세가 이기지 못하리라

▌ **엡 1:22-23** ²² 또 만물을 그의 발 아래에 복종하게 하시고 그를 만물 위에 교회의 머리로 삼으셨느니라 ²³ 교회는 그의 몸이니 만물 안에서 만물을 충만하게 하시는 이의 충만함이니라

▌ **고전 11:25-26** ²⁵ 식후에 또한 그와 같이 잔을 가지시고 이르시되 이 잔은 내 피로 세운 새 언약이니 이것을 행하여 마실 때마다 나를 기념하라 하셨으니 ²⁶ 너희가 이 떡을 먹으며 이 잔을 마실 때마다 주의 죽으심을 그가 오실 때까지 전하는 것이니라

▌ **고전 12:27** 너희는 그리스도의 몸이요 지체의 각 부분이라

▌ **골 1:18** 그는 몸인 교회의 머리시라 그가 근본이시요 죽은 자들 가운데서 먼저 나신 이시니 이는 친히 만물의 으뜸이 되려 하심이요

▌ **롬 11:17** 또한 가지 얼마가 꺾이었는데 돌감람나무인 네가 그들 중에 접붙임이 되어 참감람나무 뿌리의 진액을 함께 받는 자가 되었은즉

▌ **행 15:16-17** ¹⁶ 이 후에 내가 돌아와서 다윗의 무너진 장막을 다시 지으며 또 그 허물어진 것을 다시 지어 일으키리니 ¹⁷ 이는 그 남은 사람들과 내 이름으로 일컬음을 받는 모든 이방인들로 주를 찾게 하려 함이라 하셨으니

새 언약(렘 31:31-34)의 계획 안에서 이루어지는 구원의 역사는 성령의 강림으로 시작된 교회를 통해 이어져갑니다. 이스라엘을 버리고 교회를 통해 새로운 구원사를 쓰는 것이 아니라 연속선상에서 동일한 구원사를 계속 진행하시는 것입니다.

신약 성경의 첫 구절이 "아브라함과 다윗의 자손 예수 그리스도의 계보라"(마 1:1)로 시작하는 것도 이러한 의미입니다. 바울은 "그리스도께서 하나님의 진실하심을 위하여 할례의 추종자가 되셨으니 이는 조상들에게 주신 약속들을 견고하게 하시고"(롬 15:8)라고 함으로써 하나님 계획의 연속성을 밝히고 있습니다.

예수님은 "주는 그리스도시요 살아 계신 하나님의 아들"이라는 베드로의 신앙고백 위에 "내 교회를 세우리라"고 말씀하셨습니다. 이스라엘도 이방도 이 동일한 신앙고백 위에 교회가 되는 것입니다. 교회에클레시아 ἐκκλησία는 '부르심을 받은 사람들의 모임'을 뜻합니다. 즉 예수님이 말씀하신 '내 교회'란, 건물이 아니라 '그리스도의 부르심을 받은 사람들의 모임'으로 구원받아 천국 백성이 된 성도들의 공동체를 뜻하는 것입니다.

Q3 새 사람의 의미는 무엇입니까?

▮ **요1:12** 영접하는 자 곧 그 이름을 믿는 자들에게는 하나님의 자녀가 되는 권세를 주셨으니

▮ **롬 6:6** 우리가 알거니와 우리의 옛 사람이 예수와 함께 십자가에 못 박힌 것은 죄의 몸이 죽어 다시는 우리가 죄에게 종 노릇 하지 아니하려 함이니

▮ **엡 4:22-24** ²² 너희는 유혹의 욕심을 따라 썩어져 가는 구습을 따르는 옛 사람을 벗어 버리고 ²³ 오직 너희의 심령이 새롭게 되어 ²⁴ 하나님을 따라 의와 진리의 거룩함으로 지으심을 받은 새 사람을 입으라

▮ **골 3:9-10** ⁹ 너희가 서로 거짓말을 하지 말라 옛 사람과 그 행위를 벗어 버리고 ¹⁰ 새 사람을 입었으니 이는 자기를 창조하신 이의 형상을 따라 지식에까지 새롭게 하심을 입은 자니라

▮ **고후 5:17** 그런즉 누구든지 그리스도 안에 있으면 새로운 피조물이라 이전 것은 지나갔

으니 보라 새것이 되었도다

▌ **갈 2:20** 내가 그리스도와 함께 십자가에 못 박혔나니 그런즉 이제는 내가 사는 것이 아니요 오직 내 안에 그리스도께서 사시는 것이라 이제 내가 육체 가운데 사는 것은 나를 사랑하사 나를 위하여 자기 자신을 버리신 하나님의 아들을 믿는 믿음 안에서 사는 것이라

▌ **딛 2:11-14** 11 모든 사람에게 구원을 주시는 하나님의 은혜가 나타나 12 우리를 양육하시되 경건하지 않은 것과 이 세상 정욕을 다 버리고 신중함과 의로움과 경건함으로 이 세상에 살고 13 복스러운 소망과 우리의 크신 하나님 구주 예수 그리스도의 영광이 나타나심을 기다리게 하셨으니 14 그가 우리를 대신하여 자신을 주심은 모든 불법에서 우리를 속량하시고 우리를 깨끗하게 하사 선한 일을 열심히 하는 자기 백성이 되게 하려 하심이라

옛 사람을 벗어버리고 새 사람을 입는 것은 회개하고 예수님을 구원의 주로 믿고 영접하는 것에서부터 출발합니다. 먼저는 하나님의 은혜로 구원받고(딛 2:11), 양육을 받아(딛 2:12), 선한 일을 열심히 하는(딛 2:14) 모든 과정이 새 사람으로 완성되는 과정입니다.

바울은 고린도 교회 성도들을 신령한 자들로 대하기를 원했지만(고전 3:1) 그들이 옛 사람을 벗어버리지 못하고 어린 아이에 머물러 있으므로 "밥"을 먹이지 못함을 안타까워했습니다(고전 3:2). 우리가 자아를 죽이고 옛 사람을 버려 새 사람으로 거듭난 후 성장하지 못하면 "의의 말씀"을 깨닫지 못하며(히 5:12-14) "그리스도의 장성한 분량"에 이르지 못합니다(엡 4:13).

하나님께서는 신비한 능력으로 생명과 경건에 속한 모든 것(벧후 1:3)을 우리에게 주셨습니다. 그러므로 새 사람은 생명의 성령의 법(롬 8:2) 안에서 하나님의 영의 인도(롬 8:14)를 받아 살아야 합니다.

▌ **엡 2:11-22** ¹¹ 그러므로 생각하라 너희는 그 때에 육체로는 이방인이요 손으로 육체에 행한 할례를 받은 무리라 칭하는 자들로부터 할례를 받지 않은 무리라 칭함을 받는 자들이라 ¹² 그 때에 너희는 그리스도 밖에 있었고 이스라엘 나라 밖의 사람이라 약속의 언약들에 대하여는 외인이요 세상에서 소망이 없고 하나님도 없는 자이더니 ¹³ 이제는 전에 멀리 있던 너희가 그리스도 예수 안에서 그리스도의 피로 가까워졌느니라 ¹⁴ 그는 우리의 화평이신지라 둘로 하나를 만드사 원수 된 것 곧 중간에 막힌 담을 자기 육체로 허시고 ¹⁵ 법조문으로 된 계명의 율법을 폐하셨으니 이는 이 둘로 자기 안에서 한 새 사람을 지어 화평하게 하시고 ¹⁶ 또 십자가로 이 둘을 한 몸으로 하나님과 화목하게 하려 하심이라 원수 된 것을 십자가로 소멸하시고 ¹⁷ 또 오셔서 먼 데 있는 너희에게 평안을 전하시고 가까운 데 있는 자들에게 평안을 전하셨으니 ¹⁸ 이는 그로 말미암아 우리 둘이 한 성령 안에서 아버지께 나아감을 얻게 하려 하심이라 ¹⁹ 그러므로 이제부터 너희는 외인도 아니요 나그네도 아니요 오직 성도들과 동일한 시민이요 하나님의 권속이라 ²⁰ 너희는 사도들과 선지자들의 터 위에 세우심을 입은 자라 그리스도 예수께서 친히 모퉁잇돌이 되셨느니라 ²¹ 그의 안에서 건물마다 서로 연결하여 주 안에서 성전이 되어 가고 ²² 너희도 성령 안에서 하나님이 거하실 처소가 되기 위하여 그리스도 예수 안에서 함께 지어져 가느니라

▌ **엡 3:9-11** ⁹ 영원부터 만물을 창조하신 하나님 속에 감추어졌던 비밀의 경륜이 어떠한 것을 드러내게 하려 하심이라 ¹⁰ 이는 이제 교회로 말미암아 하늘에 있는 통치자들과 권세들에게 하나님의 각종 지혜를 알게 하려 하심이니 ¹¹ 곧 영원부터 우리 주 그리스도 예수 안에서 예정하신 뜻대로 하신 것이라

▌ **골 3:10-11, 15** ¹⁰ 새 사람을 입었으니 이는 자기를 창조하신 이의 형상을 따라 지식에까지 새롭게 하심을 입은 자니라 ¹¹ 거기에는 헬라인이나 유대인이나 할례파나 무할례파나 야만인이나 스구디아인이나 종이나 자유인이 차별이 있을 수 없나니 오직 그리스도는 만유시요 만유 안에 계시니라 ¹⁵ 그리스도의 평강이 너희 마음을 주장하게 하라 너희는 평강을 위하여 한 몸으로 부르심을 받았나니 너희는 또한 감사하는 자가 되라

▌ **행 19:10, 17, 21** ¹⁰ 두 해 동안 이같이 하니 아시아에 사는 자는 유대인이나 헬라인이나 다 주의 말씀을 듣더라 ¹⁷ 에베소에 사는 유대인과 헬라인들이 다 이 일을 알고 두려워 하며 주 예수의 이름을 높이고 ²¹ 유대인과 헬라인들에게 하나님께 대한 회개와 우리 주 예수 그리스도께 대한 믿음을 증언한 것이라

▌ **계 2:2–4** ² 내가 네 행위와 수고와 네 인내를 알고 또 악한 자들을 용납하지 아니한 것과 자칭 사도라 하되 아닌 자들을 시험하여 그의 거짓된 것을 네가 드러낸 것과 ³ 또 네가 참고 내 이름을 위하여 견디고 게으르지 아니한 것을 아노라 ⁴ 그러나 너를 책망할 것이 있나니 너의 처음 사랑을 버렸느니라

▌ **엡 3:6** 이는 이방인들이 복음으로 말미암아 그리스도 예수 안에서 함께 상속자가 되고 함께 지체가 되고 함께 약속에 참여하는 자가 됨이라

에베소서 3장 6절에서 "함께 상속자"는 쉥클레로노모스συγκληρονόμος로 '공동 상속자'입니다. 피를 나눈 형제가 서로 완전히 연합하여 아버지로부터 받을 수 있는 유산, 소망, 성공 등 그 무엇이든 함께 받는 것입니다. 메시아 안에서 유대인들은 열방이 그 유업을 받기까지는 궁극적 유업을 받지 못할 것입니다. 그 반대로 열방도 유대인들에 대해 그와 같습니다.

"함께 지체"란 쉬소모스σύσσωμος로 '한 몸'의 사람들입니다. 그리스도를 머리로 하는 살아있는 몸입니다. 그리스도의 동일한 영적 피가 유대인과 이방인을 결합시켜 하나의 살아있는 유기체가 된 것입니다. 즉 같은 영적 DNA를 갖고 있는 한 가족인 것입니다(요 1:13). 몸의 한 부분에 무슨 일이 일어나면 몸 전체가 영향을 받습니다.

"함께 참여하는 자"란 쉼메토코스συμμέτοχος로 '공동 참여자'입니다. 그리스도 예수 안에서 '같은 약속에 참여하는 자들'입니다. 아브라함에게 약속된 축복에 동참하는 것입니다.

그리스도 예수 안에서 유대인과 이방인을 함께 아브라함이 받은 동일한 약속의 공동 상속자_{한 새 사람}가 됩니다. 우리는 메시아 안에서 한 가족_{메시아의 몸인 지체}들입니다. 그리고 이 근거는 우리 모두의 아버지께서 우리 모두의 조상인 아브라함에게 하신 동일한 약속에 있습니다.

교회의 완성은 원수 된 유대인과 이방인이 '한 새 사람'원 뉴맨을 이루는 것입니다. 사도행전에 등장하는 에베소 교회의 중요한 특징은 유대인과 헬라인이 함께 거듭 언급된다는 사실입니다(행 19:10, 17). 특히 바울은 예루살렘으로 떠나기 전 긴박한 상황 중에서도 특별히 에베소 장로들을 불러 당부를 할 때, "유대인들과 헬라인들"(행 20:21)이라고 군이 표현함으로써 에베소 교회가 유대인과 이방인이 연합된 교회였음을 강조하고 있습니다. 따라서 에베소 교회에게 쓴 편지인 에베소서가 교회의 완성된 모습인 '한 새 사람'을 말씀하는 것은 우연이 아닌 것입니다.

이렇게 볼 때 예수님께서 에베소 교회를 유일하게 책망하셨던 "처음 사랑을 버렸다"(계 2:4)의 의미는 유대인과 이방인 사이의 한 새 사람을 이루었던 처음의 사랑을 버렸다는 의미로 해석할 수 있습니다. 이방 교회로써 유대인과 이방인의 '원 뉴맨'을 이루었던 에베소 교회는 사도 요한 때주후 95년경까지 약 40년 이상 건재했지만 결국 예수님으로부터 처음 사랑을 버렸다고 책망을 받은 것입니다.

Q5 어린 양의 신부는 무슨 뜻입니까?

▌엡 5:30-32 30 우리는 그 몸의 지체임이라 31 그러므로 사람이 부모를 떠나 그의 아내와 합하여 그 둘이 한 육체가 될지니 32 이 비밀이 크도다 나는 그리스도와 교회에 대하여 말하노라

▌계 21:9 일곱 대접을 가지고 마지막 일곱 재앙을 담은 일곱 천사 중 하나가 나아와서 내게 말하여 이르되 이리 오라 내가 신부 곧 어린 양의 아내를 네게 보이리라 하고

▌계 19:7-9 7 우리가 즐거워하고 크게 기뻐하며 그에게 영광을 돌리세 어린 양의 혼인 기약이 이르렀고 그의 아내가 자신을 준비하였으므로 8 그에게 빛나고 깨끗한 세마포 옷을 입도록 허락하셨으니 이 세마포 옷은 성도들의 옳은 행실이로다 하더라 9 천사가 내게 말하기를 기록하라 어린 양의 혼인 잔치에 청함을 받은 자들은 복이 있도다 하고 또 내게 말하되 이것은 하나님의 참되신 말씀이라 하기로

▌계 3:4-5 4 그러나 사데에 그 옷을 더럽히지 아니한 자 몇 명이 네게 있어 흰 옷을 입고

나와 함께 다니리니 그들은 합당한 자인 연고라 5 이기는 자는 이와 같이 흰 옷을 입을 것이요 내가 그 이름을 생명책에서 결코 지우지 아니하고 그 이름을 내 아버지 앞과 그의 천사들 앞에서 시인하리라

▌**계 3:18** 내가 너를 권하노니 내게서 불로 연단한 금을 사서 부요하게 하고 흰 옷을 사서 입어 벌거벗은 수치를 보이지 않게 하고 안약을 사서 눈에 발라 보게 하라

▌**골 3:12-15** 12 그러므로 너희는 하나님이 택하사 거룩하고 사랑받는 자처럼 긍휼과 자비와 겸손과 온유와 오래 참음을 옷 입고 13 누가 누구에게 불만이 있거든 서로 용납하여 피차 용서하되 주께서 너희를 용서하신 것 같이 너희도 그리하고 14 이 모든 것 위에 사랑을 더하라 이는 온전하게 매는 띠니라 15 그리스도의 평강이 너희 마음을 주장하게 하라 너희는 평강을 위하여 한 몸으로 부르심을 받았나니 너희는 또한 감사하는 자가 되라

▌**롬 13:11-14** 11 또한 너희가 이 시기를 알거니와 자다가 깰 때가 벌써 되었으니 이는 이제 우리의 구원이 처음 믿을 때보다 가까웠음이라 12 밤이 깊고 낮이 가까웠으니 그러므로 우리가 어둠의 일을 벗고 빛의 갑옷을 입자 13 낮에와 같이 단정히 행하고 방탕하거나 술 취하지 말며 음란하거나 호색하지 말며 다투거나 시기하지 말고 14 오직 주 예수 그리스도로 옷 입고 정욕을 위하여 육신의 일을 도모하지 말라

▌**살전 5:23** 평강의 하나님이 친히 너희를 온전히 거룩하게 하시고 또 너희의 온 영과 혼과 몸이 우리 주 예수 그리스도께서 강림하실 때에 흠 없게 보전되기를 원하노라

▌**계 2:2-4** 2 내가 네 행위와 수고와 네 인내를 알고 또 악한 자들을 용납하지 아니한 것과 자칭 사도라 하되 아닌 자들을 시험하여 그의 거짓된 것을 네가 드러낸 것과 3 또 네가 참고 내 이름을 위하여 견디고 게으르지 아니한 것을 아노라 4 그러나 너를 책망할 것이 있나니 너의 처음 사랑을 버렸느니라

　바울은 예수님과 교회의 관계를 남편과 아내로 비유하며 이것이 큰 비밀이라고 감탄합니다. 요한계시록은 교회가 예수님의 신부 되는 것을 "옳은 행실", "깨끗한 세마포", "흰 옷" 등으로 표현합니다. 즉 우리의 영과 혼과 육이 거룩하여 온전한 행실로 드러나는 것을 뜻합니다. 이러한 신부의 옳은 행실은 믿는 유대인과 믿는 이방인의

한 새 사람을 이루는 첫 사랑의 회복까지 포함될 때 비로소 온전하게 완성될 수 있습니다.

4. 결론

하나님의 지혜는 먼저는 유대인을 하나님의 백성으로 택하셔서 제사장 나라가 되게 하시고, 성령의 강림으로 교회를 탄생하게 하심으로써 모든 이방 민족이 하나님의 백성이요 왕 같은 제사장이 될 길을 열어 주시는 것이었습니다. 하나님의 뜻은 유대인과 이방인이 원수 되는 것이 아니라, 그리스도 예수 안에서 그리스도의 피로 둘이 한 몸 되는 한 새 사람을 이루는 것입니다. 성령께서 강하게 역사하신 초대 교회는 한 새 사람을 이루는 교회였습니다.

이방인은 유대인으로부터 복음을 전달받고, 유대인으로부터 양육을 받아 영광스러운 교회로 성장해갔지만 이 과정에서 그 뿌리인 유대인을 지워 버리는 신학적, 실천적 실수를 범하였습니다. 이제 주님의 재림이 가까운 이 시대에 교회는 신부 교회로서 더욱 성숙해져야 합니다. 신부는 신랑을 뜨겁게 사랑하며 신랑의 뜻과 연합된 존재입니다. 신랑 되신 예수님께서 유대인과 이방인이 한 새 사람을 이루도록 십자가에서 막힌 담을 허무셨다는(엡 2:14-15) 사실을 깨닫고 그 첫 사랑을 회복하는 옳은 행실에 최선을 다해야 할 것입니다.

● 나눔의 시간 ●

1. 오늘 배운 내용 중에 가장 마음에 닿는 부분은 무엇입니까?

_____

_____

_____

_____

2. 하나님께서 이스라엘을 택하신 이유가 무엇인지 성경적으로 표현해 보세요.

_____

_____

_____

_____

3. '한 새 사람'을 자신이 이해한 언어로 옆 사람과 나누어 보세요.

_____

_____

_____

_____

4. '한 새 사람'을 이룬 교회의 완성을 위해 내가 할 일은 무엇이라고 생각하십니까? 그룹 토의

_____

_____

_____

_____

_____

제 **6** 과

하나님의 때

1. 핵심 말씀

창 1:14

하나님이 이르시되 하늘의 궁창에 광명체들이 있어 낮과 밤을 나뉘게 하고 그 것들로 징조와 계절모에드 ‏מוֹעֵד‎과 날과 해를 이루게 하라

레 23:2

이스라엘 자손에게 말하여 이르라 이것이 나의 절기모에드 ‏מוֹעֵד‎들이니 너희가 성회로 공포할 여호와의 절기들이니라

시 102:13

주께서 일어나사 시온을 긍휼히 여기시리니 지금은 그에게 은혜를 베푸실 때라 정한 기한이 다가옴이니이다

눅 21:24

그들이 칼날에 죽임을 당하며 모든 이방에 사로잡혀 가겠고 예루살렘은 이방인의 때가 차기까지 이방인들에게 밟히리라

마 23:39

내가 너희에게 이르노니 이제부터 너희는 찬송하리로다 주의 이름으로 오시는 이여 할 때까지 나를 보지 못하리라 하시니라

마 24:3, 14

3 … 어느 때에 이런 일이 있겠사오며 또 주의 임하심과 세상 끝에는 무슨 징조가 있사오리이까 14 이 천국 복음이 모든 민족에게 증언되기 위하여 온 세상에 전파되리니 그제야 끝이 오리라

2. 핵심 주제

하나님은 인류 구원을 위한 마스터 플랜을 세우시고 하나님의 시간표를 따라 개인과 공동체 및 나라, 민족, 모든 인류를 경영하십니다. 하나님께서 천지를 창조하실 때 시간도 함께 창조하셨으며, 하나님의 시간표는 인류의 역사를 통해 드러났습니다. 하나님은 택한 백성 이스라엘에게 하나님의 시간표, 즉 절기를 맡기셨습니다.

예수님은 우리에게 성경 말씀이 이루어지는 것을 징조로 보며 하나님의 때를 분별하여(마 16:3) 깨어 있는 성도가 되라고 말씀하셨습니다.

3. 학습 목표

> Q1 하나님은 하나님의 시간표를 무엇을 통해 알려주십니까?
> Q2 여호와의 절기는 무엇입니까?
> Q3 "이방인의 때가 차기까지"와 이스라엘의 회복과는 어떤 관계가 있습니까?
> Q4 마지막 때의 징조는 무엇입니까?

Q1 하나님은 하나님의 시간표를 무엇을 통해 알려주십니까?

▌ **창 1:14** 하나님이 이르시되 하늘의 궁창에 광명체들이 있어 낮과 밤을 나뉘게 하고 그것들로 징조와 계절과 날과 해를 이루게 하라

▌ **레 23:2** 이스라엘 자손에게 말하여 이르라 이것이 나의 절기모에드 מוֹעֵד들이니 너희가 성회미크라 מִקְרָא로 공포할 여호와의 절기들이니라

▌ **시 75:2** 주의 말씀이 내가 정한 기약모에드 מוֹעֵד이 이르면 내가 바르게 심판하리니

▌**삼상 20:35** 아침에 요나단이 작은 아이를 데리고 다윗과 정한 시간모에드מוֹעֵד에 들로 나가서

창세기 1:14에서 "계절"로 번역된 히브리어 모에드מוֹעֵדim는 절기거룩한 집회 feast라는 뜻으로 정한 시간, 약속, 계절, 회중, 집회, 신호 등의 의미를 갖습니다. 이 동일한 단어가 시 75:2, 삼상 20:35 등에는 "정한 기약"시간으로 번역되어 있습니다. 하나님은 절기에 성회로 모이라고 하셨는데 히브리어의 '집회'에 해당하는 단어인 미크라מִקְרָא־에는 '예행 연습'이란 뜻도 포함됩니다.

하나님은 하나님의 시간표인 절기를 통해 하나님의 구원 계획을 다음과 같이 알려 주십니다.

Q2 여호와의 절기는 무엇입니까?

▌**신 16:15-16** 15 네 하나님 여호와께서 택하신 곳에서 너는 이레 동안 네 하나님 여호와 앞에서 절기를 지키고 네 하나님 여호와께서 네 모든 소출과 네 손으로 행한 모든 일에 복 주실 것이니 너는 온전히 즐거워할지니라 16 너의 가운데 모든 남자는 일 년에 세 번 곧 무교절과 칠칠절과 초막절에 네 하나님 여호와께서 택하신 곳에서 여호와를 뵈옵되 빈손으로 여호와를 뵈옵지 말고

하나님은 절기를 통해 성경의 주인공이신 예수님을 드러내십니다. 여호와의 절기를 통해 예수님의 사역을 정확하게 성취되게 하시는 것입니다. 절기는 모두 7가지로 유월절, 무교절, 초실절, 오순절, 나팔절, 속죄일, 초막절입니다. 예수님의 초림 사역은 봄 절기를 통해 정확하게 성취되었습니다. 이를 통해 볼 때 예수님의 재림 사역 역시 가을 절기를 통해 성취될 것으로 기대할 수 있습니다. 이스라엘은 이 여호와의 절기를 맡아 지키도록 명령을 받은 제사장 나라입니다.

봄의 절기들			
절기	기념	유대 종교력	태양력
유월절	예수의 죽으심	1월니산월 14일	3–4월
무교절	예수님의 장사	1월 15일한 주간	3–4월
초실절	부활	1월 16일	3–4월
맥추절 오순절	토라 수여 성령 강림	시반 2일	5–6월

1) 유월절: 예수님은 유월절 어린 양으로 죽으셨습니다.

▌ 레 23:4–5 4 이것이 너희가 그 정한 때에 성회로 공포할 여호와의 절기들이니라 5 첫째 달 열나흗날 저녁은 여호와의 유월절이요

▌ 출 12:13 내가 애굽 땅을 칠 때에 그 피가 너희가 사는 집에 있어서 너희를 위하여 표적 이 될지라 내가 피를 볼 때에 너희를 넘어가리니 재앙이 너희에게 내려 멸하지 아니하 리라

▌ 눅 22:1–2 1 유월절이라 하는 무교절이 다가오매 2 대제사장들과 서기관들이 예수를 무 슨 방도로 죽일까 궁리하니 이는 그들이 백성을 두려워함이더라

▌ 요 1:29 이튿날 요한이 예수께서 자기에게 나아오심을 보고 이르되 보라 세상 죄를 지고 가는 하나님의 어린 양이로다

▌ 요 13:1 유월절 전에 예수께서 자기가 세상을 떠나 아버지께로 돌아가실 때가 이른 줄 아 시고 세상에 있는 자기 사람들을 사랑하시되 끝까지 사랑하시니라

▌ 요 18:28 그들이 예수를 가야바에게서 관정으로 끌고 가니 새벽이라 그들은 더럽힘을 받 지 아니하고 유월절 잔치를 먹고자 하여 관정에 들어가지 아니하더라

▎**고전 5:7** 너희는 누룩 없는 자인데 새 덩어리가 되기 위하여 묵은 누룩을 내버리라 우리의 유월절 양 곧 그리스도께서 희생되셨느니라

▎**요 18:39** 유월절이면 내가 너희에게 한 사람을 놓아주는 전례가 있으니 그러면 너희는 내가 유대인의 왕을 너희에게 놓아주기를 원하느냐 하니

유월절은 출애굽 당시 니산월첫째 달 14일 흠 없는 어린 양을 잡아 그 피를 문설주와 인방에 발랐던 것을 기념합니다. 죽음의 사자가 어린 양의 피를 바른 집은 심판하지 않고 넘어갔습니다. 예수님은 죄 없는 하나님의 어린 양입니다. 예수님을 구세주로 믿는 자는 예수님의 피로 말미암아 죽음의 사자가 넘어가 영원한 생명을 얻게 되는 것입니다.

2) 무교절: 예수님은 죄 없는 하나님의 제물로 죽으셨습니다.

▎**레 23:6** 이 달 열닷샛날은 여호와의 무교절이니 이레 동안 너희는 무교병을 먹을 것이요

▎**요 18:38** 빌라도가 이르되 진리가 무엇이냐 하더라 이 말을 하고 다시 유대인들에게 나가서 이르되 나는 그에게서 아무 죄도 찾지 못하였노라

▎**고전 5:8** 이러므로 우리가 명절을 지키되 묵은 누룩으로도 말고 악하고 악의에 찬 누룩으로도 말고 누룩이 없이 오직 순전함과 진실함의 떡으로 하자

▎**눅 23:4, 14, 22** ⁴ 빌라도가 대제사장들과 무리에게 이르되 내가 보니 이 사람에게 죄가 없도다 하니 ¹⁴ 이르되 너희가 이 사람이 백성을 미혹하는 자라 하여 내게 끌고 왔도다 보라 내가 너희 앞에서 심문하였으되 너희가 고발하는 일에 대하여 이 사람에게서 죄를 찾지 못하였고 ²² 빌라도가 세 번째 말하되 이 사람이 무슨 악한 일을 하였느냐 나는 그에게서 죽일 죄를 찾지 못하였나니 때려서 놓으리라 하니

▎**고전 5:7** 너희는 누룩 없는 자인데 새 덩어리가 되기 위하여 묵은 누룩을 내버리라 우리의 유월절 양 곧 그리스도께서 희생되셨느니라

무교절은 니산월 15일부터 시작되며, 7일 동안 집안에 있는 모든 누룩을 찾아내어 제거하고 집안을 정결케 하며 누룩 없는 빵을 먹습니다. 누룩 없는 빵은 죄 없으신 예

수 그리스도를 상징합니다.

3) 초실절 : 예수님은 부활의 첫 열매가 되셨습니다.

▌ **레 23:10-11** 10 이스라엘 자손에게 말하여 이르라 너희는 내가 너희에게 주는 땅에 들어가서 너희의 곡물을 거둘 때에 너희의 곡물의 첫 이삭 한 단을 제사장에게로 가져갈 것이요 11 제사장은 너희를 위하여 그 단을 여호와 앞에 기쁘게 받으심이 되도록 흔들되 안식일 이튿날에 흔들 것이며

▌ **마 28:1** 안식일이 다 지나고 안식 후 첫날이 되려는 새벽에 막달라 마리아와 다른 마리아가 무덤을 보려고 갔더니

▌ **고전 15:20** 그러나 이제 그리스도께서 죽은 자 가운데서 다시 살아나사 잠자는 자들의 첫 열매가 되셨도다

초실절은 새해 들어 처음 수확한 곡물의 첫 열매를 먼저 하나님께 바치는 절기로 무교절 기간 중 안식일이 지난 다음 날에 지킵니다. 초실절에 예수님은 성경대로 사흘 만에 다시 살아나셔서(고전 15:4) 잠자는 자들의 첫 열매가 되셨습니다.

4) 오순절: 예수님은 부활 승천하신 후 오순절에 성령을 보내셨습니다.

▌ **레 23:16** 일곱 안식일 이튿날까지 합하여 오십 일을 계수하여 새 소제를 여호와께 드리되

▌ **출 19:16-18** 16 셋째 날 아침에 우레와 번개와 빽빽한 구름이 산 위에 있고 나팔 소리가 매우 크게 들리니 진중에 있는 모든 백성이 다 떨더라 17 모세가 하나님을 맞으려고 백성을 거느리고 진에서 나오매 그들이 산 기슭에 서 있는데 18 시내 산에 연기가 자욱하니 여호와께서 불 가운데서 거기 강림하심이라 그 연기가 옹기 가마 연기 같이 떠오르고 온 산이 크게 진동하며

▌ **출 20:1** 하나님이 이 모든 말씀으로 말씀하여 이르시되

▌ **행 2:1-4** 1 오순절 날이 이미 이르매 그들이 다같이 한 곳에 모였더니 2 홀연히 하늘로부

터 급하고 강한 바람 같은 소리가 있어 그들이 앉은 온 집에 가득하며 ³ 마치 불의 혀처럼 갈라지는 것들이 그들에게 보여 각 사람 위에 하나씩 임하여 있더니 ⁴ 그들이 다 성령의 충만함을 받고 성령이 말하게 하심을 따라 다른 언어들로 말하기를 시작하니라

▎**마5:17** 내가 율법이나 선지자를 폐하러 온 줄로 생각하지 말라 폐하러 온 것이 아니요 완전하게 하려 함이라

▎**갈 5:16** 내가 이르노니 너희는 성령을 따라 행하라 그리하면 육체의 욕심을 이루지 아니하리라

▎**갈 6:8** 자기의 육체를 위하여 심는 자는 육체로부터 썩어질 것을 거두고 성령을 위하여 심는 자는 성령으로부터 영생을 거두리라

오순절은 초실절 이후 7번의 안식일이 지난 다음날 곧 50일째 되는 날에 밀의 수확을 하나님께 드리는 날입니다. 첫 번째 오순절에 하나님은 시내산에서 모세에게 율법 십계명을 주셨습니다(출 20:3-17). 예수님께서 유월절 어린 양으로 죽으신 후 맞이한 첫 번째 오순절에는 성령이 강림하셨습니다. 인간의 노력으로 지킬 수 없는 율법의 요구를 이제는 생명의 성령의 법으로 이룰 수 있도록 하신 것입니다.

가을의 절기들			
절기	기념	유대 종교력	태양력
나팔절	왕의 오심 심판의 시작	7월 1일	9-10월
대속죄일 욤 키푸르	국가적 회개	7월 10일	9-10월
초막절 수장절, 장막절	메시아 통치 하나님이 함께하심	7월 15일한 주간	9-10월

5) 나팔절

▌ **레 23:24-25** ²⁴ 이스라엘 자손에게 말하여 이르라 일곱째 달 그 첫 날은 너희에게 쉬는 날이 될지니 이는 나팔을 불어 기념할 날이요 성회라 ²⁵ 어떤 노동도 하지 말고 여호와께 화제를 드릴지니라

▌ **계 8:6** 일곱 나팔을 가진 일곱 천사가 나팔 불기를 준비하더라

▌ **계 10:7** 일곱째 천사가 소리 내는 날 그의 나팔을 불려고 할 때에 하나님이 그의 종 선지자들에게 전하신 복음과 같이 하나님의 그 비밀이 이루어지리라 하더라

▌ **계 11:15** 일곱째 천사가 나팔을 불매 하늘에 큰 음성들이 나서 이르되 세상 나라가 우리 주와 그의 그리스도의 나라가 되어 그가 세세토록 왕 노릇 하시리로다 하니

▌ **살전 4:16-17** ¹⁶ 주께서 호령과 천사장의 소리와 하나님의 나팔 소리로 친히 하늘로부터 강림하시 리니 그리스도 안에서 죽은 자들이 먼저 일어나고 ¹⁷ 그 후에 우리 살아 남은 자들도 그들과 함께 구름 속으로 끌어 올려 공중에서 주를 영접하게 하시리니 그리하여 우리가 항상 주와 함께 있으리라

▌ **고전 15:51-52** ⁵¹ 보라 내가 너희에게 비밀을 말하노니 우리가 다 잠 잘 것이 아니요 마지막 나팔에 순식간에 홀연히 다 변화되리니 ⁵² 나팔 소리가 나매 죽은 자들이 썩지 아니할 것으로 다시 살아나고 우리도 변화되리라

일곱째 달 첫 날은 나팔을 불어 기념하는 날입니다. 민간력으로는 신년절로쉬 하샤나로도 불립니다. 이스라엘은 역사적으로 왕이 오실 때, 회개를 촉구할 때, 전쟁을 알릴 때 나팔을 불었습니다.

성경은 예수 그리스도가 마지막 나팔 소리와 함께 강림하시고 그 때에 죽은 자의 부활과 살아남은 자의 공중으로 들림을 말씀하고 있습니다.

6) 대속죄일욤 키푸르

▌**레 23:27-29** 27 일곱째 달 열흘날은 속죄일이니 너희는 성회를 열고 스스로 괴롭게 하며 여호와께 화제를 드리고 28 이 날에는 어떤 일도 하지 말 것은 너희를 위하여 너희 하나님 여호와 앞에 속죄할 속죄일이 됨이니라 29 이 날에 스스로 괴롭게 하지 아니하는 자는 그 백성 중에서 끊어질 것이라

▌**레 16:29** 너희는 영원히 이 규례를 지킬지니라 일곱째 달 곧 그 달 십일에 너희는 스스로 괴롭게 하고 아무 일도 하지 말되 본토인이든지 너희 중에 거류하는 거류민이든지 그리하라

▌**레 16:31** 이는 너희에게 안식일 중의 안식일인즉 너희는 스스로 괴롭게 할지니 영원히 지킬 규례라

▌**레 16:34** 이는 너희가 영원히 지킬 규례라 이스라엘 자손의 모든 죄를 위하여 일 년에 한 번 속죄할 것이니 라 아론이 여호와께서 모세에게 명령하신 대로 행하니라

▌**히 9:7** 오직 둘째 장막은 대제사장이 홀로 일 년에 한 번 들어가되 자기와 백성의 허물을 위하여 드리는 피 없이는 아니하나니

▌**히 9:28** 이와 같이 그리스도도 많은 사람의 죄를 담당하시려고 단번에 드리신 바 되셨고 구원에 이르게 하기 위하여 죄와 상관없이 자기를 바라는 자들에게 두 번째 나타나시리라

대속죄일은 유대력 7월 10일로 일 년에 한 번 유일하게 대제사장이 지성소에 들어가 이스라엘 민족 전체의 죄를 속죄하는 날입니다.

대속죄일은 예수님의 십자가 사건의 그림자였습니다. 온 인류의 대속 제물이신 예수 그리스도께서 친히 자기의 몸을 드리고 보배로운 피를 흘려 단번에 영원한 속죄를 이루신 것입니다. 예수님께서 십자가 위에서 운명하시는 순간 죄로 막힌 담을 자기 육체로 허시고, 은혜의 보좌 앞에 담대히 나아갈 길을 여셨습니다. 성소 휘장이 위로부터 아래까지 찢어짐으로 언약궤가 있는 지성소가 열린 것입니다.

7) 초막절수장절, 장막절

▌ **레 23:34** 이스라엘 자손에게 이르라 일곱째 달 열닷샛날은 초막절이니 여호와를 위하여 이레 동안 지킬 것이라

▌ **레 23:39-40** 39 너희가 토지 소산 거두기를 마치거든 일곱째 달 열닷샛날부터 이레 동안 여호와의 절기를 지키되 첫 날에도 안식하고 여덟째 날에도 안식할 것이요 40 첫 날에는 너희가 아름다운 나무 실과와 종려나무 가지와 무성한 나무 가지와 시내 버들을 취하여 너희의 하나님 여호와 앞에서 이레 동안 즐거워할 것이라

▌ **요 7:2, 14** 2 유대인의 명절인 초막절이 가까운지라 14 이미 명절의 중간이 되어 예수께서 성전에 올라가사 가르치시니

▌ **슥 14:9, 16** 9 여호와께서 천하의 왕이 되시리니 그 날에는 여호와께서 홀로 한 분이실 것이요 그의 이름이 홀로 하나이실 것이라 16 예루살렘을 치러 왔던 이방 나라들 중에 남은 자가 해마다 올라와서 그 왕 만군의 여호와께 경배하며 초막절을 지킬 것이라

▌ **출 23:14-17** 14 너는 매년 세 번 내게 절기를 지킬지니라 15 너는 무교병의 절기를 지키라 내가 네게 명령한 대로 아빕월의 정한 때에 이레 동안 무교병을 먹을지니 이는 그 달에 네가 애굽에서 나왔음이라 빈 손으로 내 앞에 나오지 말지니라 16 맥추절을 지키라 이는 네가 수고하여 밭에 뿌린 것의 첫 열매를 거둠이니라 수장절을 지키라 이는 네가 수고하여 이룬 것을 연말에 밭에서부터 거두어 저장함이니라 17 네 모든 남자는 매년 세 번씩 주 여호와께 보일지니라

초막절은 일곱 번째 달 15일부터 7일 간 초막 안에 거하면서 광야 생활을 기념하는 절기입니다. 한 해의 수확을 마무리하면서 약속의 땅에서 풍성한 소출을 거두게 해주신 하나님의 은혜에 감사하는 일종의 추수 감사제이기도 합니다.

초막절의 특이한 점은 대속죄일에 이스라엘 백성들의 죄를 속죄한 것에 비해서, 초막절에는 세상 70족속들을 위해 속죄를 했다는 것입니다. 수송아지 70마리를 바치며 창세기 10장에 등장하는 70족속을 위해 축복했던 것입니다(민 29:12-34).

초막절은 그리스도께서 직접 통치하시는 메시아 왕국천년왕국을 상징합니다. 미래에

예수님께서 재림하셔서 천년왕국을 다스릴 때 이스라엘과 여러 민족들이 이 절기를 지키게 될 것입니다.

Q3 "이방인의 때가 차기까지"와 이스라엘의 회복과는 어떤 관계가 있습니까?

▌ 눅 21:23-24 23 그 날에는 아이 밴 자들과 젖먹이는 자들에게 화가 있으리니 이는 땅에 큰 환난과 이 백성에게 진노가 있겠음이로다 24 그들이 칼날에 죽임을 당하며 모든 이방에 사로잡혀 가겠고 예루살렘은 이방인의 때가 차기까지 이방인들에게 밟히리라

예수님이 말씀하신 대로 예루살렘은 이방 나라들에게 짓밟혔습니다. AD 70년 로마에 의해 멸망된 후에도 비잔틴 ⋯ 아랍 ⋯ 십자군 ⋯ 맘루크 ⋯ 터키 ⋯ 영국 ⋯ 요르단에 의해 지배당했습니다. 그러다가 1948년 5월 14일 드디어 이스라엘이 합법적으로 독립했고 1967년 6월 7일에는 6일 전쟁의 승리로 예루살렘을 되찾게 되었습니다. 지금 우리는 예루살렘이 회복되는 시대에 살고 있는 것입니다.

▌ 마 23:37-39 37 예루살렘아 예루살렘아 선지자들을 죽이고 네게 파송된 자들을 돌로 치는 자여 암탉이 그 새끼를 날개 아래에 모음 같이 내가 네 자녀를 모으려 한 일이 몇 번이더냐 그러나 너희가 원하지 아니하였도다 38 보라 너희 집이 황폐하여 버려진 바 되리라 39 내가 너희에게 이르노니 이제부터 너희는 찬송하리로다 주의 이름으로 오시는 이여 할 때까지 나를 보지 못하리라 하시니라

성경은 우리가 예루살렘의 지리적 회복 뿐 아니라, 영적인 회복, 즉 유대인들이 예수 그리스도를 메시아로 알아보는 것을 징조로 보라고 말씀하십니다. 유대인들이 예루살렘으로 돌아와 예수님이 메시아이심을 알아보고 '바룩하바 베셈 아도나이'라고 외치는 때가 바로 징조라고 알려주고 계십니다.

▌ 행 1:6-8 6 그들이 모였을 때에 예수께 여쭈어 이르되 주께서 이스라엘 나라를 회복하심이 이 때 니이까 하니 7 이르시되 때와 시기는 아버지께서 자기의 권한에 두셨으니 너희가 알 바 아니요 8 오직 성령이 너희에게 임하시면 너희가 권능을 받고 예루살렘과 온 유대와 사마리아와 땅 끝까지 이르러 내 증인이 되리라 하시니라

▌ 마 24:14 이 천국 복음이 모든 민족에게 증언되기 위하여 온 세상에 전파되리니 그제야 끝이 오리라

▌ 마 28:18-20 18 예수께서 나아와 말씀하여 이르시되 하늘과 땅의 모든 권세를 내게 주셨으니 19 그러므로 너희는 가서 모든 민족을 제자로 삼아 아버지와 아들과 성령의 이름으로 세례를 베풀고 20 내가 너희에게 분부한 모든 것을 가르쳐 지키게 하라 볼지어다 내가 세상 끝날까지 너희와 항상 함께 있으리라 하시니라

예수님은 천국 복음이 온 세상에 전파되어 모든 민족에게 증언되면 그제야 끝이 온다고 말씀하셨습니다. 위클리프 성경번역선교회에서는 2025년에 모든 언어로 성경번역이 착수될 것을 목표로 한다고 발표한 바 있습니다.

▌ 롬 11:25-27 25 형제들아 너희가 스스로 지혜 있다 하면서 이 신비를 너희가 모르기를 내가 원하지 아니하노니 이 신비는 이방인의 충만한 수가 들어오기까지 이스라엘의 더러는 우둔하게 된 것이라 26 그리하여 온 이스라엘이 구원을 받으리라 기록된 바 구원자가 시온에서 오사 야곱에게서 경건하지 않은 것을 돌이키시겠고 27 내가 그들의 죄를 없이 할 때에 그들에게 이루어질 내 언약이 이것이라 함과 같으니라

바울은 '이방인의 때'를 "이방인의 충만한 수가 들어오기까지"로 규정하면서 이 기간 동안 "유대인의 더러는 우둔하게 된 것이라"라고 하였습니다(롬 11:25). 유대인들에게 '이방인의 때'는 복음에 눈이 먼 불행한 기간이지만, 이방인들에게는 오히려 복음이 충만하게 전해지는 복된 기간인 것입니다. 바울은 그런 '이방인의 때'가 지닌 이중적 의미를 '신비'뮈스테리온 μυστήριον, 곧 하나님의 섭리에 의한 역사임을 강조하였습니다.

예수님께서는 "또 복음이 먼저 만국에 전파되어야 할 것이니라"(막 13:10)라고 하셨고, "그러므로 너희는 가서 모든 민족을 제자로 삼아 아버지와 아들과 성령의 이름으로 세례를 베풀라"(마 28:19)고 하셨습니다. 성경에 나오는 '만국'이나 '모든 민족'은 이방인을 지칭하는 용어들입니다. 그리고 모두 종말과 관련된 질문 속에서 주어졌습니다.

복음이 모든 민족에게 증거(마 24:14)되면 끝, 즉 그리스도께서 재림하실 것입니다.

Q4 마지막 때의 징조는 무엇입니까?

▎**마 24:32-34** 32 무화과나무(the fig tree)의 비유를 배우라 그 가지가 연하여지고 잎사귀를 내면 여름이 가까운 줄을 아나니 33 이와 같이 너희도 이 모든 일을 보거든 인자가 가까이 곧 문 앞에 이른 줄 알라 34 내가 진실로 너희에게 말하노니 이 세대가 지나가기 전에 이 일이 다 일어나리라

▎**눅 21:29** 이에 비유로 이르시되 무화과나무와 모든 나무를 보라

▎**렘 24:5-7** 5 이스라엘의 하나님 여호와께서 이와 같이 말씀하시니라 내가 이 곳에서 옮겨 갈대아인의 땅에 이르게 한 유다 포로를 이 좋은 무화과 같이 잘 돌볼 것이라 6 내가 그들을 돌아보아 좋게 하여 다시 이 땅으로 인도하여 세우고 헐지 아니하며 심고 뽑지 아니하겠고 7 내가 여호와인 줄 아는 마음을 그들에게 주어서 그들이 전심으로 내게 돌아오게 하리니 그들은 내 백성이 되겠고 나는 그들의 하나님이 되리라

▎**눅 21:34-36** 34 너희는 스스로 조심하라 그렇지 않으면 방탕함과 술취함과 생활의 염려로 마음이 둔하여지고 뜻밖에 그 날이 덫과 같이 너희에게 임하리라 35 이 날은 온 지구상에 거하는 모든 사람에게 임하리라 36 이러므로 너희는 장차 올 이 모든 일을 능히 피하고 인자 앞에 서도록 항상 기도하며 깨어 있으라 하시니라

▎**마 25:13** 그런즉 깨어 있으라 너희는 그 날과 그 때를 알지 못하느니라

▎**딤후 3:1-5** 1 너는 이것을 알라 말세에 고통하는 때가 이르러 2 사람들이 자기를 사랑하며 돈을 사랑하며 자랑하며 교만하며 비방하며 부모를 거역하며 감사하지 아니하며 거

룩하지 아니하며 3 무정하며 원통함을 풀지 아니하며 모함하며 절제하지 못하며 사나우며 선한 것을 좋아하지 아니하며 4 배신하며 조급하며 자만하며 쾌락을 사랑하기를 하나님 사랑하는 것보다 더하며 5 경건의 모양은 있으나 경건의 능력은 부인하니 이같은 자들에게서 네가 돌아서라

▌ **히 10:24~25** 24 서로 돌아보아 사랑과 선행을 격려하며 25 모이기를 폐하는 어떤 사람들의 습관과 같이 하지 말고 오직 권하여 그 날이 가까움을 볼수록 더욱 그리하자

▌ **히 3:12~14** 12 형제들아 너희는 삼가 혹 너희 중에 누가 믿지 아니하는 악한 마음을 품고 살아 계신 하나님에게서 떨어질까 조심할 것이요 13 오직 오늘이라 일컫는 동안에 매일 피차 권면하여 너희 중에 누구든지 죄의 유혹으로 완고하게 되지 않도록 하라 14 우리가 시작할 때에 확신한 것을 끝까지 견고히 잡고 있으면 그리스도와 함께 참여한 자가 되리라

▌ **마 24:7~8** (KJV) 7 For nation shall rise against nation, and kingdom against kingdom: and there shall be famines, and pestilences, and earthquakes, in divers places. 8 All these are the beginning of sorrows.

▌ **눅 21:11** 곳곳에 큰 지진과 기근과 전염병이 있겠고 또 무서운 일과 하늘로부터 큰 징조들이 있으리라

예수님은 재림에 관해 말씀하시던 중 무화과나무의 비유를 말씀하셨습니다. 여기서 '그 무화과나무'the fig tree는 이스라엘을 상징한다고 해석할 수 있습니다(미 7:1, 호 9:10, 렘 24:5). 이스라엘의 여름은 한 해를 마감하는 마지막 계절입니다. 즉 여름은 '마지막 때'를 상징합니다.

"가지가 연하여 지고 잎사귀를 내면"은 약 1900년 동안 말라 죽어 있던 이스라엘 독립1948년과 예루살렘 회복1967년으로 해석할 수 있습니다. 즉 이스라엘 독립은 주님 오실 날이 가까웠다는 사실을 알려주는 사건이 되는 것입니다.

"이 모든 일을 보거든"의 "이 모든 일"이란 마태복음 24:4~24에 기록된 징조들로 적그리스도와 거짓 선지자들의 출현 및 활동, 전쟁, 기근, 전염병, 지진, 세계 복음화, 성도와 교회의 핍박 등을 모두 가리킵니다.

✱ 마태복음 24장이 증거하는 마지막 때의 징조

1. 이스라엘 회복의 시작(마 24:32-34)

2. 미혹, 난리, 전쟁, 기근, 역병과 지진(마 24:4-8)

3. 핍박, 거짓 선지자, 불법, 사랑이 식어짐(마 24:9-12)

4. 천국 복음의 세계적인 전파(마 24:14)

5. 예루살렘 성전 재건(마 24:15)

6. 적그리스도의 출현(마 24:15)

7. 큰 환란(마 24:21-28)

8. 천체의 이변(마 24:29), 예수님 재림과 휴거(마 24:30-31)

9. 충성되고 지혜로운 종과 악한 종(마 24:44-51)

4. 결론

역사는 인류 구원과 만물의 회복을 위한 하나님의 마스터 플랜의 성취 과정입니다. 하나님은 자녀들에게 하나님의 시간표를 다양한 방법으로 알려 주십니다. 그러나 그 날과 그 때는 알려 주지 않으심으로써 항상 깨어 있기를 원하십니다. 마지막 때를 바르게 알기 위해 우리는 절기와 이스라엘에 주목해야 합니다. 절기는 예수님의 초림과 재림 사역을 상징합니다. 이스라엘의 독립과 예루살렘의 회복은 예수님의 재림에 대한 중요한 징조입니다. 만왕의 왕이신 우리 주님은 세상 나라를 주와 그리스도의 나라로 만들어 세세토록 왕 노릇하시기 위해 이제 다시 오실 것입니다. 성령의 도우심으로 때를 분별하고 깨어 있는 성도는 주님의 재림을 기다리며 기름을 준비해야 할 것입니다(벧전 4:7-11, 벧후 3장, 눅 21:34-36).

1. 오늘 새롭게 깨달은 성경의 진리는 무엇입니까?

_____

_____

_____

2. 여호와의 절기(레 23장) 7가지를 채워 보세요.

봄 절기	가을 절기

3. 예수님께서 배우라고 명령하신 '무화과 나무의 비유'를 자신의 언어로 옆 사람과 나누어 보세요.

_____

_____

_____

4. 주님의 재림을 지혜롭게 준비하기 위해 어떤 노력이 필요하다고 생각하십니까? 그룹 토의

_____

_____

_____

_____

제 *7* 과

하나님의 나라

1. 핵심 말씀

마 19:28

예수께서 이르시되 내가 진실로 너희에게 이르노니 세상이 새롭게 되어 인자가
자기 영광의 보좌에 앉을 때에 나를 따르는 너희도 열두 보좌에 앉아 이스라엘
열두 지파를 심판하리라

행 3:21

하나님이 영원 전부터 거룩한 선지자들의 입을 통하여 말씀하신 바 만물을 회
복하실 때까지는 하늘이 마땅히 그를 받아 두리라

고전 15:24, 28

24 그 후에는 마지막이니 그가 모든 통치와 모든 권세와 능력을 멸하시고 나라
를 아버지 하나님께 바칠 때라 28 만물을 그에게 복종하게 하실 때에는 아들 자
신도 그 때에 만물을 자기에게 복종하게 하신 이에게 복종하게 되리니 이는 하
나님이 만유의 주로서 만유 안에 계시려 하심이라

사 11:6-9

6 그 때에 이리가 어린 양과 함께 살며 표범이 어린 염소와 함께 누우며 송아지
와 어린 사자와 살진 짐승이 함께 있어 어린 아기에게 끌리며 7 암소와 곰이 함
께 먹으며 그것들의 새끼가 함께 엎드리며 사자가 소처럼 풀을 먹을 것이며 8
젖 먹는 아이가 독사의 구멍에서 장난하며 젖 뗀 어린 아이가 독사의 굴에 손을
넣을 것이라 9 내 거룩한 산 모든 곳에서 해 됨도 없고 상함도 없을 것이니 이는
물이 바다를 덮음 같이 여호와를 아는 지식이 세상에 충만할 것임이니라

사 65:17-20, 25

17 보라 내가 새 하늘과 새 땅을 창조하나니 이전 것은 기억되거나 마음에 생각나지 아니할 것이라 18 너희는 내가 창조하는 것으로 말미암아 영원히 기뻐하며 즐거워할지니라 보라 내가 예루살렘을 즐거운 성으로 창조하며 그 백성을 기쁨으로 삼고 19 내가 예루살렘을 즐거워하며 나의 백성을 기뻐하리니 우는 소리와 부르짖는 소리가 그 가운데서 다시는 들리지 아니할 것이며 20 거기는 날 수가 많지 못하여 죽는 어린이와 수한이 차지 못한 노인이 다시는 없을 것이라 곧 백 세에 죽는 자를 젊은이라 하겠고 백 세가 못되어 죽는 자는 저주받은 자이리라 25 이리와 어린 양이 함께 먹을 것이며 사자가 소처럼 짚을 먹을 것이며 뱀은 흙을 양식으로 삼을 것이니 나의 성산에서는 해함도 없겠고 상함도 없으리라 여호와께서 말씀하시니라

계 21:1-5

1 또 내가 새 하늘과 새 땅을 보니 처음 하늘과 처음 땅이 없어졌고 바다도 다시 있지 않더라 2 또 내가 보매 거룩한 성 새 예루살렘이 하나님께로부터 하늘에서 내려오니 그 준비한 것이 신부가 남편을 위하여 단장한 것 같더라 3 내가 들으니 보좌에서 큰 음성이 나서 이르되 보라 하나님의 장막이 사람들과 함께 있으매 하나님이 그들과 함께 계시리니 그들은 하나님의 백성이 되고 하나님은 친히 그들과 함께 계셔서 4 모든 눈물을 그 눈에서 닦아주시니 다시는 사망이 없고 애통하는 것이나 곡하는 것이나 아픈 것이 다시 있지 아니하리니 처음 것들이 다 지나갔음이러라 5 보좌에 앉으신 이가 이르시되 보라 내가 만물을 새롭게 하노라 하시고 또 이르시되 이 말은 신실하고 참되니 기록하라 하시고

2. 핵심 주제

하나님의 나라는 성경 전체의 가장 중요한 주제입니다. "나라"바실레이아 βασιλεία는 왕권, 통치 혹은 왕국을 뜻하며 따라서 하나님의 나라는 '하나님의 피조물에 대한 하나님의 주권적 통치'가 이루어지는 것을 말합니다. 성경은 하나님의 통치가 이 세상 역사 가운데 구속사적으로 실현되는 과정을 5단계로 보여줍니다.

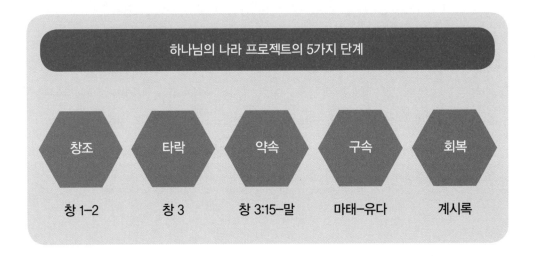

하나님 나라Kingdom of God는 공관복음에 39회, 요한복음에 2회가 나오며 천국Kingdom of Heaven은 마태복음에 37회 나옵니다.

3. 학습 목표

Q1 '창조'의 두가지 키워드는 무엇입니까?

Q2 '타락'과 사탄의 관계는 무엇입니까?

Q3 '약속'에서 이스라엘은 어떤 역할입니까?

Q4 '구속'과 예수 그리스도, 교회 및 성령은 어떤 관계입니까?

Q5 '회복'된 하나님 나라는 어떤 곳입니까?

Q1 '창조'의 두 가지 키워드는 무엇입니까?

▌ **창 1:31** 하나님이 지으신 그 모든 것을 보시니 보시기에 심히 좋았더라 저녁이 되고 아침이 되니 이는 여섯째 날이니라

▌ **창 1:26** 하나님이 이르시되 우리의 형상을 따라 우리의 모양대로 우리가 사람을 만들고 그들로 바다의 물고기와 하늘의 새와 가축과 온 땅과 땅에 기는 모든 것을 다스리게 하자 하시고

▌ **롬 8:20–21** 20 피조물이 허무한 데 굴복하는 것은 자기 뜻이 아니요 오직 굴복하게 하시는 이로 말미암음이라 21 그 바라는 것은 피조물도 썩어짐의 종 노릇 한 데서 해방되어 하나님의 자녀들의 영광의 자유에 이르는 것이니라

▌ **창 1:1–3** 1 태초에 하나님이 천지를 창조하시니라 2 땅이 혼돈하고 공허하며 흑암이 깊음 위에 있고 하나님의 영은 수면 위에 운행하시니라 3 하나님이 이르시되 빛이 있으라 하시니 빛이 있었고

▌ **창 1:3, 6, 9, 14, 20, 24** 하나님이 이르시되

▌ **창 1:26–29** 26 하나님이 이르시되 우리의 형상을 따라 우리의 모양대로 우리가 사람을 만들고 그들로 바다의 물고기와 하늘의 새와 가축과 온 땅과 땅에 기는 모든 것을 다스리게 하자 하시고 27 하나님이 자기 형상 곧 하나님의 형상대로 사람을 창조하시되 남자와 여자를 창조하시고 28 하나님이 그들에게 복을 주시며 하나님이 그들에게 이르시되 생육하고 번성하여 땅에 충만하라 땅을 정복하라 바다의 물고기와 하늘의 새와 땅에 움직이는 모든 생물을 다스리라 하시니라 29 하나님이 이르시되 내가 온 지면의 씨 맺는 모든 채소와 씨 가진 열매 맺는 모든 나무를 너희에게 주노니 너희의 먹을 거리가 되리라

▌ **창 2:9** 여호와 하나님이 그 땅에서 보기에 아름답고 먹기에 좋은 나무가 나게 하시니 동산 가운데에는 생명 나무와 선악을 알게 하는 나무도 있더라

▌ **창 3:8** 그들이 그 날 바람이 불 때 동산에 거니시는 여호와 하나님의 소리를 듣고 아담과 그의 아내가 여호와 하나님의 낯을 피하여 동산 나무 사이에 숨은지라

‘창조’의 첫 번째 키워드는 ‘하나님’이십니다. 하나님 나라 프로젝트는 하나님으로부터 시작되기 때문입니다. 하나님은 왕이시고 우주는 그의 왕국입니다(창 1-2장). 물질과 비물질의 모든 것은 하나님에 의해 창조되었으며, 그 분을 위해 존재합니다.

‘창조’의 두 번째 키워드는 ‘에덴’입니다. 에덴은 하나님께서 말씀으로 친히 모든 만물을 창조하신, 하나님이 주인이시고 왕이신 하나님의 나라입니다. 에덴에는 생명 나무와 선악을 알게 하는 나무가 있었으며 하나님은 에덴의 주인으로 그곳을 거니시며 모든 피조물과 함께하셨습니다. 하나님의 최고 걸작품인 사람은 에덴에서 창조주이신 하나님과 만나고 대화하고 함께하였습니다.

Q2 ‘타락’과 사탄의 관계는 무엇입니까?

▌ **창 3:1** 그런데 뱀은 여호와 하나님이 지으신 들짐승 중에 가장 간교하니라 뱀이 여자에게 물어 이르되 하나님이 참으로 너희에게 동산 모든 나무의 열매를 먹지 말라 하시더냐

▌ **창 3:6** 여자가 그 나무를 본 즉 먹음직도 하고 보암직도 하고 지혜롭게 할만큼 탐스럽기도 한 나무인지라 여자가 그 열매를 따먹고 자기와 함께 있는 남편에게도 주매 그도 먹은지라

▌ **창 3:16-19** 16 또 여자에게 이르시되 내가 네게 임신하는 고통을 크게 더하리니 네가 수고하고 자식을 낳을 것이며 너는 남편을 원하고 남편은 너를 다스릴 것이니라 하시고 17 아담에게 이르시되 네가 네 아내의 말을 듣고 내가 네게 먹지 말라 한 나무의 열매를 먹었은즉 땅은 너로 말미암아 저주를 받고 너는 네 평생에 수고하여야 그 소산을 먹으리라 18 땅이 네게 가시덤불과 엉겅퀴를 낼 것이라 네가 먹을 것은 밭의 채소인즉 19 네가 흙으로 돌아갈 때까지 얼굴에 땀을 흘려야 먹을 것을 먹으리니 네가 그것에서 취함을 입었음이라 너는 흙이니 흙으로 돌아갈 것이니라 하시니라

▌ **롬 8:22** 피조물이 다 이제까지 함께 탄식하며 함께 고통을 겪고 있는 것을 우리가 아느니라

▎ **사 14:12-14** 12 너 아침의 아들 계명성이여 어찌 그리 하늘에서 떨어졌으며 너 열국을 엎은 자여 어찌 그리 땅에 찍혔는고 13 네가 네 마음에 이르기를 내가 하늘에 올라 하나님의 뭇 별 위에 내 자리를 높이리라 내가 북극 집회의 산 위에 앉으리라 14 가장 높은 구름에 올라가 지극히 높은 이와 같아지리라 하는도다

▎ **겔 28:14-17** 14 너는 기름 부음을 받고 지키는 그룹임이여 내가 너를 세우매 네가 하나님의 성산에 있어서 불타는 돌들 사이에 왕래하였도다 15 네가 지음을 받던 날로부터 네 모든 길에 완전하더니 마침내 네게서 불의가 드러났도다 16 네 무역이 많으므로 네 가운데에 강포가 가득하여 네가 범죄하였도다 너 지키는 그룹아 그러므로 내가 너를 더럽게 여겨 하나님의 산에서 쫓아냈고 불타는 돌들 사이에서 멸하였도다 17 네가 아름다우므로 마음이 교만하였으며 네가 영화로우므로 네 지혜를 더럽혔음이여 내가 너를 땅에 던져 왕들 앞에 두어 그들의 구경 거리가 되게 하였도다

▎ **요일 3:8** 죄를 짓는 자는 마귀에게 속하나니 마귀는 처음부터 범죄함이라 하나님의 아들이 나타나신 것은 마귀의 일을 멸하려 하심이라

▎ **마 25:41** 또 왼편에 있는 자들에게 이르시되 저주를 받은 자들아 나를 떠나 마귀와 그 사자들을 위하여 예비된 영원한 불에 들어가라

▎ **엡 2:2** 그 때에 너희는 그 가운데서 행하여 이 세상 풍조를 따르고 공중의 권세 잡은 자를 따랐으니 곧 지금 불순종의 아들들 가운데서 역사하는 영이라

▎ **계 20:2-3** 2 용을 잡으니 곧 옛 뱀이요 마귀요 사탄이라 잡아서 천 년 동안 결박하여 3 무저갱에 던져 넣어 잠그고 그 위에 인봉하여 천년이 차도록 다시는 만국을 미혹하지 못하게 하였는데 그 후에는 잠깐 놓이리라

▎ **계 20:10, 13-15** 10 또 그들을 미혹하는 마귀가 불과 유황 못에 던져지니 거기는 그 짐승과 거짓 선지자도 있어 세세토록 밤낮 괴로움을 받으리라 13 바다가 그 가운데에서 죽은 자들을 내주고 또 사망과 음부도 그 가운데에서 죽은 자들을 내주매 각 사람이 자기의 행위대로 심판을 받고 14 사망과 음부도 불못에 던져지니 이것은 둘째 사망 곧 불못이라 15 누구든지 생명책에 기록되지 못한 자는 불못에 던져지더라

타락의 원인은 사탄이 뱀을 이용하여 인간을 유혹하였기 때문입니다. 사탄은 하나

님께서 선악과 하나만을 먹지 말라고 하신 사실을 교묘하게 질문하여 여자가 하나님을 불신하고 하나님의 말씀을 의심하게 만들었습니다. 유혹을 받은 여자가 자신도 먹고 남편도 먹게 함으로 하나님의 형상을 지닌 인간과 피조물은 모두 타락하게 되었습니다.

사탄은 천사장 중 하나이며 하나님의 권위에 도전한 첫 번째 존재입니다. 하나님은 모든 것에 주권을 가지고 계시지만 사람의 죄로 인해 사탄이 이 세상에 대한 왕권을 얻게 되었습니다(요 12:31, 고후 4:4, 엡 2:2). 그 이후로 역사는 사탄의 나라와 하나님의 나라 사이의 큰 우주적 전쟁이 되었습니다. 사탄은 예수님의 십자가 죽음으로 치명적인 패배를 겪었으며 더 이상 예수님을 믿는 자들을 이길 수 있는 권세를 가지고 있지 않습니다(골 2:15, 약 4:7). 다만 예수님이 오시기 전 이 세대에 사탄은 적극적으로 열방을 속이고 죽이려고 악을 조장하며 하나님의 성도들을 박해합니다(요 10:10). 사탄은 자신의 최후 대리인 적그리스도와 함께 영구적인 지상 왕국을 세울 계획을 가지고 있지만, 결국 예수님께서 재림하실 때 적그리스도와 거짓 선지자는 유황불 붙는 못에 던져질 것이며 사탄은 천 년 동안 무저갱이라는 영적 감옥에 갇히게 될 것입니다(계 19:20, 계 20:3). 그 날에 지구와 그 백성은 사탄으로부터 해방될 것입니다. 천 년이 지나면 사탄은 무저갱에서 풀려나 예루살렘 도시를 다시 공격하지만 즉시 하나님에게 패배하여 영원한 불 못으로 보내지게 될 것입니다(계 20:7-10).

Q3 '약속'에서 이스라엘은 어떤 역할입니까?

▍ **창 3:15** 내가 너로 여자와 원수가 되게 하고 네 후손도 여자의 후손과 원수가 되게 하리니 여자의 후손은 네 머리를 상하게 할 것이요 너는 그의 발꿈치를 상하게 할 것이니라 하시고

▍ **갈 4:4** 때가 차매 하나님이 그 아들을 보내사 여자에게서 나게 하시고 율법 아래에 나게 하신 것은

▍ **신 4:5-6** 5 내가 나의 하나님 여호와께서 명령하신 대로 규례와 법도를 너희에게 가르

쳤나니 이는 너희가 들어가서 기업으로 차지할 땅에서 그대로 행하게 하려 함인즉 ⁶ 너희는 지켜 행하라 이것이 여러 민족 앞에서 너희의 지혜요 너희의 지식이라 그들이 이 모든 규례를 듣고 이르기를 이 큰 나라 사람은 과연 지혜와 지식이 있는 백성이로다 하리라

▌ **출 19:5–6** ⁵ 세계가 다 내게 속하였나니 너희가 내 말을 잘 듣고 내 언약을 지키면 너희는 모든 민족 중에서 내 소유가 되겠고 ⁶ 너희가 내게 대하여 제사장 나라가 되며 거룩한 백성이 되리라 너는 이 말을 이스라엘 자손에게 전할지니라

▌ **사 44:6** 이스라엘의 왕인 여호와, 이스라엘의 구원자인 만군의 여호와가 이같이 말하노라 나는 처음이요 나는 마지막이라 나 외에 다른 신이 없느니라

▌ **삼상 8:6–7** ⁶ 우리에게 왕을 주어 우리를 다스리게 하라 했을 때에 사무엘이 그것을 기뻐하지 아니하여 여호와께 기도하매 ⁷ 여호와께서 사무엘에게 이르시되 백성이 네게 한 말을 다 들으라 이는 그들이 너를 버림이 아니요 나를 버려 자기들의 왕이 되지 못하게 함이니라

▌ **삼하 5:9–10** ⁹ 다윗이 그 산성에 살면서 다윗 성이라 이름하고 다윗이 밀로에서부터 안으로 성을 둘러 쌓으니라 ¹⁰ 만군의 하나님 여호와께서 함께 계시니 다윗이 점점 강성하여 가니라

▌ **삼하 7:16** 네 집과 네 나라가 내 앞에서 영원히 보전되고 네 왕위가 영원히 견고하리라 하셨다 하라

▌ **삼하 7:26** 사람이 영원히 주의 이름을 크게 높여 이르기를 만군의 여호와는 이스라엘의 하나님이라 하게 하옵시며 주의 종 다윗의 집이 주 앞에 견고하게 하옵소서

▌ **단 2:44** 이 여러 왕들의 시대에 하늘의 하나님이 한 나라를 세우시리니 이것은 영원히 망하지도 아니할 것이요 그 국권이 다른 백성에게로 돌아가지도 아니할 것이요 도리어 이 모든 나라를 쳐서 멸망시키고 영원히 설 것이라

하나님 약속의 핵심은 여자의 후손예수님이 결국 뱀사탄을 이긴다는 것입니다. 하나님은 그 여자의 후손예수님이 오시기 위한 통로로 아브라함을 택하시고 이스라엘 나라를 세우시고 이스라엘과 여러 언약을 맺으시고 때가 차면 성취시키십니다.

이스라엘은 하나님께서 택하신 나라이지만 이스라엘 자체가 목적이 아니라 모든 민족에게 하나님의 축복을 흘려 보내기 위한 통로의 역할을 맡았습니다(창 12:2-3). 이 축복은 열방에 메시아를 전하고 모세 언약에 순종하여 하나님의 위대함을 드러냄으로써 받게 되는 것이었습니다. 그러나 이스라엘은 하나님께 불순종하였고 결국 자신들이 빛이 되어야 할 열방에 흩어져 조롱거리와 속담거리가 되는 신세가 되었습니다. 그럼에도 불구하고 하나님은 이스라엘 백성들이 언약에 따라 그 땅으로 다시 모일 것을 약속하셨습니다(신 30:1-5).

이스라엘은 현재 하나님께서 많은 이방인들을 구원하시는 동안 일시적이고 부분적인 우둔함을 경험하고 있습니다(롬 11:25). 그러나 이스라엘 중 예수님을 메시아로 믿는 '남은 자들'이 있으며 이들은 이스라엘에 대한 하나님의 지속적인 신실하심을 증거하고 있습니다(롬 11:26). 이스라엘이 국가적으로 메시아를 믿으면 메시아 왕국이 세워지고 그때에는 온 열방에 풍부한 축복이 흘러갈 것입니다. 이스라엘 땅과 예루살렘 성은 메시아 세계 왕국의 본부가 될 것이며 이스라엘은 메시아를 경배하는 열방들 사이에서 리더십과 제사장 나라의 역할을 맡게 될 것입니다(사 2:2-4).

Q4 '구속'과 예수 그리스도, 교회 및 성령은 어떤 관계입니까?

1) 구속과 예수 그리스도

▌ **마 25:31** 인자가 자기 영광으로 모든 천사와 함께 올 때에 자기 영광의 보좌에 앉으리니

▌ **계 11:15** 일곱째 천사가 나팔을 불매 하늘에 큰 음성들이 나서 이르되 세상 나라가 우리 주와 그의 그리스도의 나라가 되어 그가 세세토록 왕 노릇 하시리로다 하니

▌ **마 6:9-10** 9 그러므로 너희는 이렇게 기도하라 하늘에 계신 우리 아버지여 이름이 거룩히 여김을 받으시오며 10 나라가 임하시오며 뜻이 하늘에서 이룬 것 같이 땅에서도 이루어지이다

▌ **마 24:14** 이 천국 복음이 모든 민족에게 증언되기 위하여 온 세상에 전파되리니 그제야

끝이 오리라

예수님은 하나님 나라 계획의 중심이십니다. 하나님은 반역적인 세상을 하나님의 뜻에 완전히 일치시키도록 예수님께 사명을 주셨습니다(고전 15:28). 참 인간, 씨째라 זֶרַע, 이스라엘인, 다윗의 후손이신 예수님은 저주를 없애고 사탄을 물리치고 모든 것을 회복하시는 분이십니다. 마지막 아담이신 예수님은 첫 아담이 실패한 모든 영역에서 성공적으로 다스리실 것입니다. 메시아 예수님은 이스라엘과 예루살렘에서 온 나라들을 다스릴 것입니다.

유대인 예수님은 이스라엘 민족을 회복시키고 이방인들에게 축복을 주시는 하나님의 종이십니다. 예수님의 왕국의 기초는 십자가의 희생적 죽음입니다(계 1:5-6). 예수님은 죽음으로 새 언약을 세우셨으며 부활과 승천 후 성령을 보내셔서 성도들이 하나님께 순종할 수 있도록 길을 열어 주셨습니다.

예수님은 하나님 우편에 계시며 하나님의 보좌를 공유하시고 하늘과 땅의 모든 권세를 소유하고 계십니다(히 12:2, 마 28:18). 예수님은 재림하셔서 천 년 동안 메시아 왕국을 통해 땅을 다스리게 될 것입니다(계 20:6). 예수님이 다스리시는 메시아 왕국은 결국 아버지의 영원한 나라로 합쳐질 것이며(고전 15:24), 하나님 아버지와 함께 영원한 하나님 나라를 다스리실 것입니다(계 22:5).

2) 구속과 교회

▌ 골 1:18 그는 몸인 교회의 머리시라 그가 근본이시오 죽은 자들 가운데서 먼저 나신 이시니 이는 친히 만물의 으뜸이 되려 하심이요
▌ 마 16:16-18 16 시몬 베드로가 대답하여 이르되 주는 그리스도시요 살아 계신 하나님의 아들이시니이다 17 예수께서 대답하여 이르시되 바요나 시몬아 네가 복이 있도다 이를 네게 알게 한 이는 혈육이 아니요 하늘에 계신 내 아버지시니라 18 또 내가 네게 이르노니 너는 베드로라 내가 이 반석 위에 내 교회를 세우리니 음부의 권세가 이기지 못하리라

▮ **롬 14:17** 하나님의 나라는 먹는 것과 마시는 것이 아니요 오직 성령 안에 있는 의와 평강
　과 희락이라

▮ **엡 2:15** 법조문으로 된 계명의 율법을 폐하셨으니 이는 이 둘로 자기 안에서 한 새 사람
　을 지어 화평하게 하시고

　　교회는 하나님 나라 프로젝트에서 매우 중요합니다. 하나님 나라 자체는 교회보다
더 넓은 범주로 물질계와 비물질계를 모두 포함하며, 성경의 다른 주요 주제언약, 율법,
구원, 하나님의 백성 등를 포괄적으로 포함합니다. 이 중에서 교회는 하나님의 백성 개념 안
에 있는 범주입니다.

　　교회는 예수님의 초림과 재림의 사이인 이 세대에 존재하는 믿는 유대인과 이방인
으로 구성된 새 언약 공동체입니다. 교회는 이스라엘이 불신으로 인해 부분적이고 일
시적인 우둔함을 겪고 있는 이 세대에 예수 그리스도 왕의 메시지를 전할 세계적인 임
무를 가지고 있습니다. 교회는 몇 가지 중요한 방식으로 하나님 나라 프로젝트와 연결
됩니다.

　　첫째, 교회는 메시아 예수를 믿는 사람들로 구성됩니다.

　　둘째, 예수님을 믿는 사람들은 하나님 나라의 구성원들입니다.

　　셋째, 교회 성도들은 하나님 나라에 합당한 의를 나타내야 합니다.

　　넷째, 교회는 사람들이 하나님 나라에 들어갈 수 있는 자격을 부여하는 메시지를
선포합니다.

　　다섯째, 교회는 하나님의 나라에서 미래에 보상을 받습니다.

　　여섯째, 교회는 그리스도의 신부가 됩니다.

3) 구속과 성령은 어떤 관계입니까?

▮ **롬 14:17** 하나님의 나라는 먹는 것과 마시는 것이 아니요 오직 성령 안에 있는 의와 평강
　과 희락이라

▮ **고전 4:20** 하나님의 나라는 말에 있지 아니하고 오직 능력에 있음이라

▌ **마 12:28** 그러나 내가 하나님의 성령을 힘입어 귀신을 쫓아내는 것이면 하나님의 나라가 이미 너희에게 임하였느니라

▌ **요 3:5** 예수께서 대답하시되 진실로 진실로 네게 이르노니 사람이 물과 성령으로 나지 아니하면 하나님의 나라에 들어갈 수 없느니라

▌ **고전 3:16** 너희는 너희가 하나님의 성전인 것과 하나님의 성령이 너희 안에 계시는 것을 알지 못하느냐

성령은 우리가 이 땅에서 하나님 나라를 체험하도록 도우십니다. 성령은 우리로 하나님 나라의 백성이 되게 하시고, 우리 안에 하나님 나라가 있게 하시며, 하나님 나라를 확장하십니다. 성령님은 육체를 지니고 있는 우리가 율법적 요구를 지켜 열매를 맺도록 인도해 주십니다. 성령이 충만하면 심령에 천국이 임할 뿐만 아니라 가정에도 천국이 임하고 교회와 사회와 국가 등 모든 삶의 자리에 하나님의 나라가 임하게 됩니다.

하나님의 나라는 예수님이 이 땅에 오셔서 공생애를 통해 사역을 시작하시면서 이미already 현재적으로 시작됩니다. 때가 차면 예수님은 다시 오셔서 하나님의 나라를 완성시킬 것입니다not yet. 구원받은 자는 하나님 나라의 즐거움을 누리며 하나님의 백성으로 살아갑니다. 또한 예수 그리스도의 재림 후에 완성될 하나님 나라를 갈망하며 사명을 감당하며 살아갑니다.

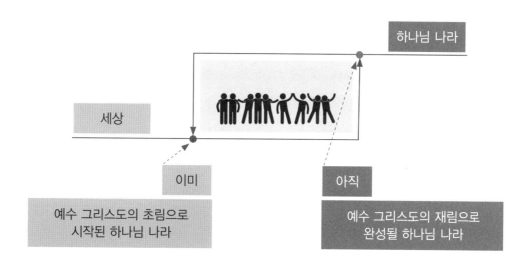

Q5 '회복'된 하나님 나라는 어떤 곳입니까?

▌ 마 25:31 인자가 자기 영광으로 모든 천사와 함께 올 때에 자기 영광의 보좌에 앉으리니

▌ 계 11:15 일곱 째 천사가 나팔을 불매 하늘에 큰 음성들이 나서 이르되 세상나라가 우리 주와 그의 그리스도의 나라가 되어 그가 세세토록 왕노릇 하시리로다 하니

▌ 계 20:6 이 첫째 부활에 참여하는 자들은 복이 있고 거룩하도다 둘째 사망이 그들을 다스리는 권세가 없고 도리어 그들이 하나님과 그리스도의 제사장이 되어 천 년 동안 그리스도로 더불어 왕 노릇 하리라

▌ 사 2:4 그가 열방 사이에 판단하시며 많은 백성을 판결하시리니 무리가 그들의 칼을 쳐서 보습을 만들고 그들의 창을 쳐서 낫을 만들 것이며 이 나라와 저 나라가 다시는 칼을 들고 서로 치지 아니하며 다시는 전쟁을 연습하지 아니하리라

▌ 사 11:9 내 거룩한 산 모든 곳에서 해 됨도 없고 상함도 없을 것이니 이는 물이 바다를 덮음 같이 여호와를 아는 지식이 세상에 충만할 것임이니라

▌ 사 51:3 나 여호와가 시온의 모든 황폐한 곳들을 위로하여 그 사막을 에덴 같게 그 광야를 여호와의 동산 같게 하였나니 그 가운데에 기쁨함과 즐거워함과 감사함과 창화하는 소리가 있으리라

▌ 사 35:5–6 5 그 때에 맹인의 눈이 밝을 것이며 못듣는 사람의 귀가 열릴 것이며 6 그 때에 저는 자는 사슴 같이 뛸 것이며 말 못하는 자의 혀는 노래하리니 이는 광야에서 물이 솟겠고 사막에서 시내가 흐를 것임이라

▌ 계 21:1–2 1 또 내가 새 하늘과 새 땅을 보니 처음 하늘과 처음 땅이 없어졌고 바다도 다시 있지 않더라 2 또 내가 보매 거룩한 성 새 예루살렘이 하나님께로부터 하늘에서 내려오니 그 준비한 것이 신부가 남편을 위하여 단장한 것 같더라

▌ 계 21:6 또 내게 말씀하시되 이루었도다 나는 알파와 오메가요 처음과 마지막이라 내가 생명수 샘물을 목마른 자에게 값없이 주리니

▌ 계 21:26 사람들이 만국의 영광과 존귀를 가지고 그리로 들어가겠고

▌ 계 21:7 이기는 자는 이것들을 상속으로 받으리라 나는 그의 하나님이 되고 그는 내 아들이 되리라

■ 계 22:4 그의 얼굴을 볼 터이요 그의 이름도 그들의 이마에 있으리라

회복된 하나님 나라는 예수 그리스도의 나라입니다. 즉 그리스도께서 직접 다스리시는 지상왕국천년왕국입니다. 부활한 성도들이 재림하신 그리스도와 함께 천 년간 통치하는 가장 이상적인 지상 국가인 것입니다. 예수 그리스도의 초림이 예수님의 선지자 직과 제사장 직의 수행이었다면 재림은 왕 직 수행을 위한 것입니다. 재림의 목적은 천년왕국의 통치에 있습니다. 그리스도의 재림 시 죽은 성도들의 부활과 살아 있는 성도들의 변화 그리고 지상에서 왕권으로 사탄을 무저갱에 감금하는 일이 일어납니다(계 20:2-3). 그 후에 천년왕국은 시작되며 예수 그리스도는 만왕의 왕이 되시고 성도는 하나님과 그리스도의 제사장으로서 함께 왕 노릇합니다.

천년왕국은 에덴 동산과 같은 영적이고 물리적이 낙원의 모습입니다. 하나님은 그분의 백성과 영원히 영적이며 물리적인 낙원에서 살기를 원하십니다. 그 때는 세상에 상함과 해 됨이 더 이상 없을 것이며 온 세상에 하나님을 아는 지식과 경외함이 충만할 것입니다(사 11:6-9).

영원한 하나님의 나라는 새 하늘과 새 땅에 하늘로부터 새 예루살렘이 내려오면서 이루어집니다. 새 예루살렘은 그 자체가 성전으로 하나님이 함께 하시는 그리스도의 보좌가 있으며 하나님의 영광이 그 세계에 가득하고 생명수 강과 생명나무가 있는 곳입니다. 그리스도의 피로 죄악에서 씻음을 받아 거룩해진 성도들이 신령하고 거룩한 부활의 몸을 입고 하나님과 함께 사는 세계입니다. 하나님과 함께 새 예루살렘의 생명수 강가의 생명나무 밑을 거닐며 하나님과 대면하며 대화하고 영원토록 동거하게 될 것이며, 바로 이것이 하나님께서 우주와 지구를 창조하시고 그 가운데 사람을 창조하신 궁극적 목적입니다.

4. 결 론

하나님의 나라 프로젝트에는 두 가지 주요 차원이 있습니다.

첫째, 하나님은 모든 것을 항상 다스리십니다. 하나님의 통치 대상은 온 우주 왕국입니다. 천사와 인간의 반역적인 행위조차도 하나님의 우주적 왕국의 우산 아래에 놓여 있습니다.

둘째, 하나님은 하나님의 목적을 위해 사람을 땅의 대리 통치자 내지는 청지기적 관리자로 삼아 다스리십니다.

성경의 줄거리는 하나님께서 그의 아들이자 궁극적인 중보자이신 메시아 예수님을 통해 하나님 나라를 회복하시는 과정입니다. 메시아 왕국이 성공적으로 완성되면 이 왕국이 아버지 하나님께 바쳐지고(고전 15:24) 영원한 하나님의 나라가 시작됩니다. 하나님은 친히 하나님의 백성과 함께 계셔서 존귀와 영광과 찬송을 받으실 것입니다(계 21:3, 22:4).

역사는 인류 구원과 만물의 회복을 위한 하나님의 마스터 플랜의 성취 과정입니다. 성도는 예수님께서 다시 오셔서 하나님의 나라를 완성하시고 함께 다스릴 때까지 성령 충만함으로 하나님 나라를 미리 경험하며 맡겨진 사명을 감당해야 합니다.

1. 오늘 배운 내용 중에 가장 마음에 닿는 부분은 무엇입니까?

_____

_____

_____

2. 하나님의 나라 프로젝트 5 단계를 채워 보세요.

창조

3. 회복된 하나님 나라를 어떻게 이해하는지 옆 사람과 나누어 보세요.

_____

_____

_____

_____

4. 예수님께서 다시 오셔서 하나님 나라를 완성하실 때까지 내가 감당할 사명은 무엇이라고
   생각하십니까? 그룹 토의

_____

_____

_____

_____

참고 도서

Archbold, Norma Parrish. 이스라엘의 산들 누구의 땅인가. 오숙희 역. 안양: 사랑의 메시지, 2006.

Blaising, Craig A. 하나님의 나라와 언약. 곽철호 역. 서울: 기독교문사, 2005.

Bock, Darrell L. 이스라엘 민족, 영토 그리고 미래. 김진섭 권혁승 공역. 서울: 이스트윈드(EASTWIND), 2014.

Brown, Michael L. 유대민족의 비극적 역사와 교회. 김영우 역. 서울: 한사랑, 2008.

Eckert, Harald. 이스라엘, 나라들, 그리고 심판의 골짜기. 정원일 역. 서울: 도서출판 하늘양식, 2015.

Glashouwer, Willem J J. Why 이스라엘? 정원일 역. 서울: 하늘양식, 2014.

_____. *Why Jerusalem*, Christians for Israel International, 2015.

Gowan, Donald. 구약성경의 종말론. 홍찬혁 역. 서울: CLC, 1999.

Heidler, Robert. 메시아닉 교회 언약의 뿌리를 찾아서. 진현우 역. 서울: WLI Korea, 2008.

Hoekema, Anthony A. 개혁주의 종말론. 이용중 역. 서울: 부흥과 개혁사, 2012.

Johnson, Gaines R. "The Bible, Genesis & Geology." King James Version Bible. Org. Last modified 2013. Accessed. http://www.kjvbible.org/rivers_of_the_garden_of_eden.html.

Juster, Daniel. 마지막 때의 교회와 이스라엘. 김주성 역. 서울: 이스라엘 사역출판, 2010.

Ladd, George, *Historic Premillennialism in The Meaning of the Millennium: Four Views*, ed. Robert G. Clouse, Downers Grove, IL: InterVarsity, 1977.

Kaiser Jr, Walter C. 성경과 하나님의 예언. 김영철 역. 서울: 여수룬, 1991.

_____. 신약의 구약 사용. 성기문 역. 서울: 크리스천 다이제스트, 2003.

_____. 구약에 나타난 메시아. 류근상 역. 서울: 크리스챤, 2008.

_____. 이스라엘의 역사. 류근상 역. 고양: 크리스챤출판사, 2010.

_____. 구약성경과 선교. 임윤택 역. 서울: 기독교문서선교회, 2013.

_____. *The Promise-Plan of God : A Biblical Theology of the Old and New Testaments.* Grand Rapids, Mich.: Zondervan, 2008.

Lewis, Gordon R. and Bruce A. Demarest. 통합신학. 김귀탁 역. 서울: 부흥과 개혁사, 2011.

Price, Randall. 중동문제 진실은 무엇인가. 오소희 역. 안양: 사랑의 메시지, 2010.

Prince, Derek. 하나님께서 결코 있지 않으신 이스라엘. 노인평 역. 서울: KIBI, 1991.

_____. *Promised Land.* Grands Rapids, Mich.: Chosen, 2005.

_____. 이스라엘과 교회의 운명. 전은영 역. 서울: 엘리야, 2016.

Richter, Sandra L. 에덴에서 새 에덴까지, 윤석인역. 서울: 부흥과 개혁사, 2013.

Vlach, Michael J. *HastheChurchReplacedIsrael* ? Nashville. Tennssee: B & H, 2010.

_____. *Premillennialism : Why There Must Be a Future Earthly Kingdom of Jesus.* Los Angeles: Theological Studies Press, 2015.

_____. *Dispensationalism.* Los Angeles: Theological Studies Press, 2017.

_____. *He will Reign Forever : Silverton.* Oregon:Lampion Press, 2017.

김인식. 하나님의 마스터플랜: 새예루살렘의 비전. 서울: 교회성장연구소, 2017.

_____. 이스라엘의 회복과 종말. 서울: CLC, 2020.

오화평. 이스라엘 고난과 회복. 서울: 베드로 서원, 2009.

_____. 로마서 9장-11장 이스라엘. 서울: 한 새 사람, 2017.

임사라. 기적의 이스라엘. 서울: KIBI, 2003.

정성욱. 역사적 전천년설. 서울: 기독교문사, 2014.

조철환. 하나님은 이스라엘을 버리셨는가. 서울: 엘리야, 2016.

존 김. 이스라엘과 대체신학. 서울:예영커뮤니케이션, 2014.

한정건. 종말론 강해. 서울: 기독교문서선교회, 1992.

_____. 종말론 입문. 서울: 기독교문서선교회, 1994.

성경, 빅 픽처를 보라! 스터디 교재

아이오프닝 성경연구

2021년 10월 11일 초판 발행

지 은 이 | 김인식 송하경 윤현진

펴 낸 이 | 김수홍
편   집 | 김설향
디 자 인 | 사라박
펴 낸 곳 | 도서출판 하영인
등   록 | 제504-2019-000001호
주   소 | 포항시 북구 삼흥로411
전   화 | 054) 270-1018
블 로 그 | https://blog.naver.com/navhayoungin
이 메 일 | hayoungin814@gmail.com
인스타그램 | https://www.instagram.com/hayoungin7

ISBN 979-11-971556-9-7(93230)
값 10,000원

※ 낙장 · 파본은 교환해 드립니다.

＊ 도서출판 하영인은 복음이 전해지지 않은 곳에 신앙에 유익한 도서를
　　보급하는 데 앞장섭니다.